THE GOSPEL PROJECT®

성탄과 부활

JN449992

The Gospel Project for ***Adults*** is published quarterly by LifeWay Christian Resources,
One LifeWay Plaza, Nashville, TN 37234, Ben Mandrell, President
© 2015, 2016, 2017, 2018 LifeWay Christian Resources
Translated and used by permission of LifeWay Christian Resources

This Korean translation edition © 2019 by Duranno Ministry,
38, Seobinggo-ro 65-gil, Yongsan-gu, Seoul, Republic of Korea
Published by arrangement with LifeWay Christian Resources

본 저작물의 한국어판 저작권은 LifeWay Christian Resources와 독점 계약한 두란노서원에 있습니다.
신 저작권법에 의거하여 한국 내에서 보호를 받는 저작물이므로 무단 전재와 무단 복제를 금합니다.

가스펠 프로젝트

성탄과 부활

청장년 인도자용

지은이 · LifeWay Adults
옮긴이 · 손정훈, 송진순, 심정훈, 오주영, 최광일
감수 · 김병훈, 신대현
발행일 · 2019년 12월 11일
등록번호 · 제1988-000080호
등록된 곳 · 서울특별시 용산구 서빙고로65길 38
발행처 · 사단법인 두란노서원
영업부 · 02-2078-3352, 3452, 3781, 3752 FAX 080-749-3705
편집부 · 02-2078-3437
디자인 · 더그램플러스

책값은 뒤표지에 있습니다.
ISBN 978-89-531-3615-1 03230

가스펠 프로젝트 홈페이지 · gospelproject.co.kr
두란노몰 · mall.duranno.com

차례

Christmas & Easter

발간사

두란노서원을 통해 라이프웨이(LifeWay)의 《가스펠 프로젝트》 성경 공부 교재 시리즈를 발간할 수 있도록 인도하신 하나님께 감사드립니다. 험한 소리로 가득한 세상에 이 책을 다릿돌처럼 놓습니다. 우리 삶은 말씀을 만난 소리로 풍성해져야 합니다. 주님을 만난 기쁨의 소리, 진실 앞에서 탄식하는 소리, 죄를 씻는 울음소리, 소망을 품은 기도 소리로 가득해야 합니다.

《가스펠 프로젝트》는 신구약을 관통하는 예수 그리스도의 복음을 발견하고, 그 가르침을 삶에 적용하는 지혜를 얻도록 기획한 성경 공부 교재입니다. 어린아이부터 어른에 이르기까지 생애주기에 따른 복음 메시지를 잘 배울 수 있습니다. 또한 거짓 진리가 미혹하는 이 시대에 건강한 신학과 바른 교리로 말씀을 조명해 성도의 신앙이 좌로나 우로나 치우치지 않도록 돕습니다.

두란노서원은 지금까지 "오직 성경, 복음 중심, 초교파적 관점"을 바탕으로 한국 교회와 성도를 꾸준히 섬겨 왔습니다. 오직 성경의 정신에 입각해 책과 잡지를 출판해 왔으며, 성경에 근거한 복음 중심의 신학을 포기한 적이 없습니다. 그리고 교단과 교파를 초월해 교회와 성도가 하나님의 나라를 바라볼 수 있도록 돕기 위해 노력해 왔습니다. 《가스펠 프로젝트》는 두란노가 지켜온 세 가지 가치를 충실하게 담은 책입니다.

성경은 구원을 위한 책이며, 구원사의 주인공은 예수 그리스도입니다. 창세기부터 요한계시록까지 오직 예수 그리스도의 복음만을 전하는 《가스펠 프로젝트》 성경 공부 교재를 통해 복음의 은혜와 진리를 깊이 경험하고, 복음 중심의 삶이 마음 판에 새겨지기를 바랍니다. 그리고 예수 그리스도 복음에 굳게 선 한 사람의 영향력이 가정과 교회와 사회에 흘러감으로써 거룩한 하나님 나라가 확산되어 가기를 소망합니다.

두란노서원 원장 이 형 기

감수사

두란노가 출간하는 《가스펠 프로젝트》는 무엇보다도 전통적으로 교회가 풀어 온 흐름을 충실히 따라 성경을 해설하고 있습니다. 그리고 그 방향은 궁극적으로 예수 그리스도를 향해 나아가고 있습니다. 이것은 예수님이 구약과 신약의 모든 성경이 자신을 가리키고 있다고 하신 말씀에 비추어 매우 타당한 것입니다. 게다가 그리스도 중심적 해설을 무리하게 전개하지 않습니다. 각 본문에서 하나님의 구원 언약과 그것을 실현하시는 하나님을 드러내면서, 그리스도의 예표적 설명이 가능한 사건을 놓치지 않고 풀어내고 있습니다.

성경 공부 교재는 명시적으로 혹은 암시적으로 제시하는 교리적 진술이 교리 체계상 건전해야 합니다. 《가스펠 프로젝트》는 99개 조에 이르는 핵심교리들을 일목요연하게 제시해 교리의 건전성을 확인할 수 있도록 도움을 줍니다. 《가스펠 프로젝트》의 교리는 교파를 막론하고, 예수 그리스도의 복음에 충실한 복음주의 교회들에게 환영받을 만합니다. 물론 교파마다 약간의 이견을 갖는 부분들이 있을 수 있겠지만 각 교회에서 교재를 활용하는 데는 무리가 없을 것입니다. 《가스펠 프로젝트》의 특징은 각 과에서 학습한 내용을 핵심교리와 연결해 주며, 그 결과 그리스도의 복음에 관련한 교리적 이해를 강화시킨다는 데 있습니다.

《가스펠 프로젝트》의 훌륭한 장점은 학습자를 하나님과 그리스도의 복음 앞으로 나오도록 이끌며 자신의 신앙과 삶을 돌아보도록 하는 적용의 적실성과 훈련의 효과입니다. 아울러 본문과 관련해 교회사적으로 또 주석적으로 중요한 신학자와 목사의 어록과 주석을 제시하고, 심화토론 질문들(인도자용)과 선교적 안목을 열어 주는 적용 질문들을 더해 준 것은 《가스펠 프로젝트》에서 얻을 수 있는 큰 유익입니다.

이 교재는 예수 그리스도의 구원 사역을 보여 주는 두 사건에 초점을 맞추었습니다. 하나는 그분의 백성을 구원하기 위해 '낮아지신' 탄생 사건이며, 다른 하나는 구원 사 역을 완성하고 다시 영광받으며 '높아지신' 부활 사건입니다. 《가스펠 프로젝트》를 통 해 성경 전체를 공부하면서, 추가적으로 예수 그리스도의 탄생과 부활과 관련한 교훈 을 성탄 기념일과 부활 기념일 즈음에 공부하는 것은 아주 유익합니다.

김병훈 _ 합동신학대학원대학교 조직신학 교수

《가스펠 프로젝트》는 성경 안에 나타난 하나님의 구원 계획-실행-완성이라는 일련의 진행을 잘 요약한 말입니다. 구원의 소식은 예수 그리스도가 오셨을 때 비로소 전해진 것이 아니라 창세 이전에 그리스도 안에서 하나님의 지혜로 계획된 것입니다. 이 복음 계획은 구약 역사가 진행되면서 더 구체적으로 알려졌고, 하나님의 아들 예수 그리스도가 이 땅에 오심으로써 완전히 드러났습니다. 이 복음으로 하나님의 백성이 모두 구원을 받을 것이며, 그제야 세상에 끝이 오고 하나님의 가스펠 프로젝트는 완성될 것입니다.

두란노의《가스펠 프로젝트》는 이러한 큰 그림을 염두에 두고 시대를 따라 진행되는 하나님의 구원 계획을 체계적으로 다루고 있습니다. 각 세션의 시작과 끝에 두 개의 푯대, 즉 '신학적 주제'와 '그리스도와의 연결'을 제시합니다. '신학적 주제'는 본문에서 하나님의 가스펠 프로젝트의 어느 지점에 주목해야 하는지 알려 주며, '그리스도와의 연결'은 이 지점이 가스펠 프로젝트 전체와 어떻게 연결되는지 확인해 줍니다. 가스펠 프로젝트의 부분과 전체를 아는 지식을 동시에 배워 가면서 이 시대를 향한 단기 비전과 앞으로 임할 하나님 나라에 대한 장기 비전을 함께 가질 수 있습니다.《가스펠 프로젝트》는 이 비전들을 구체적으로 가질 수 있도록 매 세션 끝에 '하나님의 계획, 우리의 사명'을 두고 있습니다.

《가스펠 프로젝트_성탄과 부활》은 특별히 그리스도의 탄생과 부활에 관하여 따로 묶어 그리스도 복음의 시작과 절정의 의미를 깊이 새겨볼 수 있게 하였습니다.

《가스펠 프로젝트》의 또 다른 큰 특징은 교회 안에 여러 세대를 그리스도 안에서 하나님의 말씀으로 연결해 준다는 것입니다. 장년, 청소년, 그리고 어린이들이 매주 동일한 본문 말씀을 배움으로써 그리스도 안에서 하나의 교회 전통을 세워 갈 수 있으며, 교회와 가정에서 동일한 하나님의 말씀으로 소통하며 언어가 같은 하나님 나라 백성의 삶을 체험할 수 있습니다.

《가스펠 프로젝트》는 성경의 한 부분에만 머물러 있는 우리의 생각을 그리스도 안에서 넓혀 주고, 분열된 세대들의 생각을 그리스도 안으로 모아 줍니다. 한국 교회 성도들이 두란노의《가스펠 프로젝트》를 통해 예수 그리스도를 아는 지식에서 자라 가고 모든 믿음의 세대가 그리스도 안에서 아름다운 신앙의 전통을 이어 가는 일들이 일어나길 소망합니다.

신대현 _《가스펠 프로젝트》 주 강사

추천사

우리 시대의 전 세계적 교회 부흥은 두 가지 샘을 가지고 있습니다. 한 샘은 오순절 부흥 운동의 샘입니다. 이 샘으로 많은 시대의 목마른 영혼들이 목마름을 해갈했습니다. 또 하나의 샘은 성경 연구의 샘입니다. 남침례교 주일학교 운동은 이 샘의 개척자입니다. 이 샘으로 지금도 많은 성도가 목마름을 해갈하고 있습니다. 미 남침례교 라이프웨이 출판사는 이러한 사역을 충실히 감당해 왔습니다. 《가스펠 프로젝트》는 모든 필요를 공급하는 원천이 될 것입니다. 이 체계적인 교재로 이 땅에 새로운 영적 르네상스가 일어나기를 기대합니다.

이동원 _ 지구촌교회 원로 목사, 지구촌 미니스트리 네트워크 대표

성경은 예수 그리스도를 중심으로 하는 하나님의 구원 이야기입니다. 성경을 가르치는 일은 하나님의 구원에 동참하는 하나님의 사람을 만드는 일이며, 하나님의 사람의 탁월한 모델은 바로 예수 그리스도입니다. 《가스펠 프로젝트》는 예수 그리스도를 중심으로 성경을 배웁니다. 성경이 어떻게 그리스도와 연결되어 있는지, 또 성도의 삶이 그리스도를 중심으로 하는 하나님의 구원 계획에 어떻게 연결되어야 하는지 구체적으로 제시합니다. 신앙의 전수가 중요한 시대에 성도와 교회와 가정이 한마음으로 다음 세대를 준비시키기에 적합합니다.

이재훈 _ 온누리교회 담임 목사

《가스펠 프로젝트》는 성경의 핵심 내용을 쉽고 흥미롭게 설명하여 성경을 배우고 삶에 구체적으로 적용하는 데 큰 도움을 줍니다. 무엇보다 성경의 중심이 되는 예수 그리스도를 충실하게 드러내 주어 예수 그리스도를 통해 완성하시는 하나님의 구원 역사를 확실히 알게 해 줍니다. 이 교재를 성실하게 따라가다 보면 하나님 나라가 우리 삶에 한층 가까워질 것입니다. 《가스펠 프로젝트》를 통해 한국 교회와 이민 교회에 거룩한 부흥의 불길이 일어나길 기대합니다.

류응렬 _ 와싱톤중앙장로교회 담임 목사, 고든콘웰신학대학원 객원 교수

성경을 공부한다는 것은 성경에 기록된 사실을 배우는 것이 아니라 성경이 가르치는 교리를 배우는 것입니다. 왜냐하면 성경은 독자에게 어떤 새로운 정보를 주기 위해 인간이 쓴 책이 아니라, 죄인인 인간에게 구원을 주기 위해 하나님이 쓰신 말씀이기 때문입니다. 그런데 이 구원의 도리인 교리를 성경 본문을 통해 배우기가 쉽지 않기 때문에 좋은 안내서가 필요합니다. 이번에 출간된 《가스펠 프로젝트》는 이와 같은 역할을 탁월하게 수행하고 있기 때문에 기쁜 마음으로 추천합니다.

이성호 _ 고려신학대학원 역사신학 교수

예수님은 친히 요한복음 5장 39절에서, 모든 성경은 예수님 자신에 대한 증거라고 말씀하셨습니다. 그럼에도 불구하고, 성도들은 그 속에서 예수님이라는 보석을 쉽게 찾아 내지 못하고 있습니다. 《가스펠 프로젝트》는 신앙생활을 출발하는 어린이부터 장년까지 이런 눈을 활짝 열어 주는 놀라운 교재입니다. 요람에서부터 무덤까지 각 연령대에 맞게 구성된 본 교재를 통해, 한국 교회와 이민 교회가 잃어버린 예수님을 다시 발견함으로 견고하게 되기를 바랍니다.

최병락 _ 강남중앙침례교회 담임 목사

성경은 그 깊이와 너비를 측량하기 어려운 광활한 바다입니다. 이 바다를 무턱대고 항해하다 보면 장구한 역사의 파도와 다양한 문학 양식이라는 바람에 의해 표류하기 쉽습니다. 그런 점에서 《가스펠 프로젝트》는 참 훌륭한 나침반입니다. 건전한 교리를 바탕으로 성경 어디에서나 그리스도를 발견하도록 돕고, 복음이라는 항구에 이르도록 이끌어 줍니다. 이미 구약 시리즈를 통해 검증되었듯이, 이어지는 신약 시리즈 역시 말씀의 바다를 항해하는 모든 분에게 큰 유익을 줄 것입니다. 기쁜 마음으로 추천합니다.

허요환 _ 안산제일교회 담임 목사

활용법

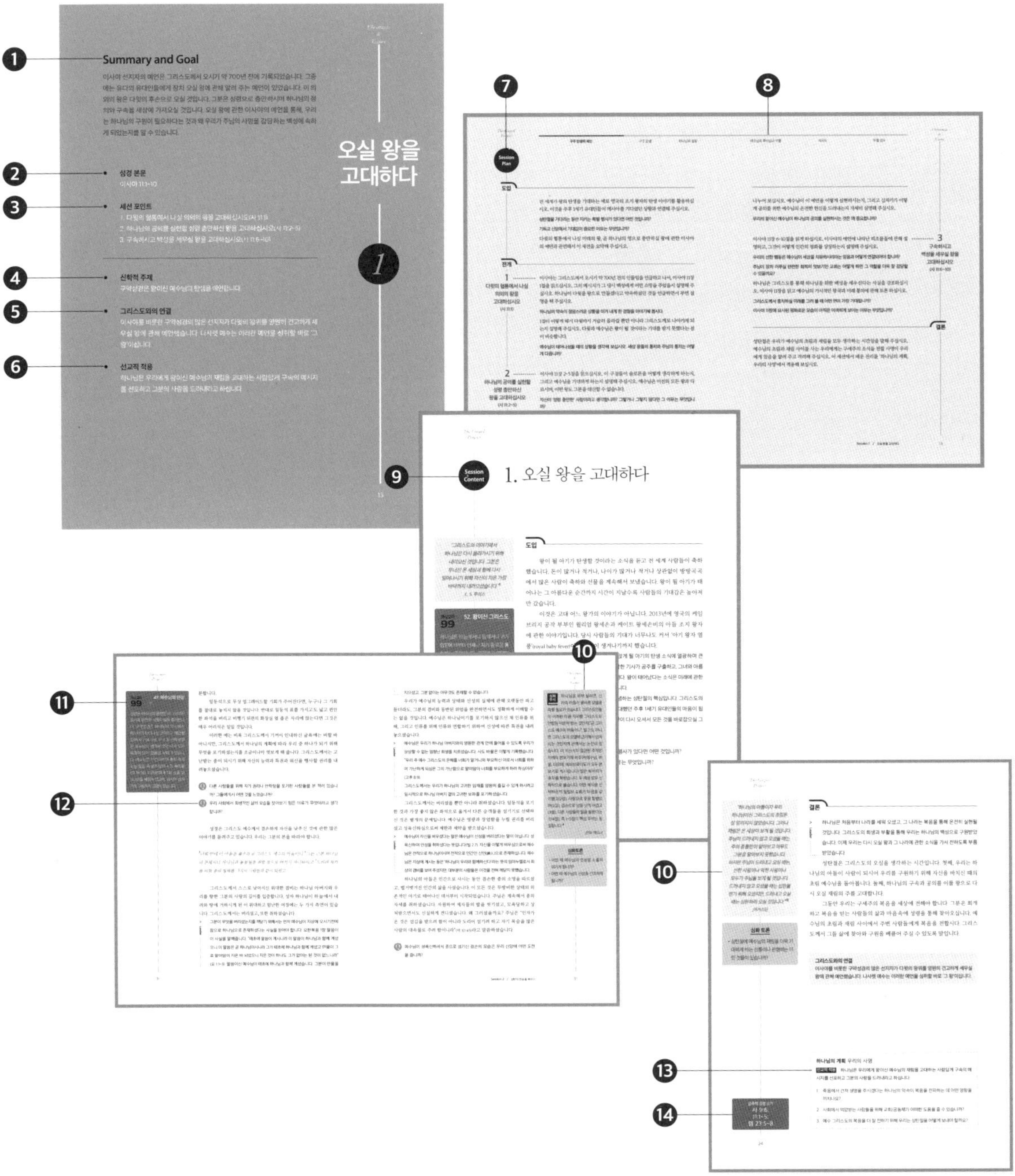
1
Summary and Goal
이사야 선지자의 예언은 그리스도께서 오시기 약 700년 전에 기록되었습니다. 그중에는 유다의 유대인들에게 장차 오실 왕에 관해 알려 주는 예언이 있었습니다. 이 의외의 왕은 다윗의 후손으로 오실 것입니다. 그분은 성령으로 충만하시며 하나님의 정의와 구속을 세상에 가져오실 것입니다. 오실 왕에 관한 이사야의 예언을 통해, 우리는 하나님의 구원이 필요하다는 것과 왜 우리가 주님의 사명을 감당하는 백성에 속하게 되었는지를 알 수 있습니다.
2
성경 본문
이사야 11:1-10
3
세션 포인트
1. 다윗의 혈통에서 나실 의외의 왕을 고대하십시오(사 11:1)
2. 하나님의 공의를 실현할 성령 충만하신 왕을 고대하십시오(사 11:2-5)
3. 구속하시고 백성을 세우실 왕을 고대하십시오(사 11:6-10)
4
신학적 주제
구약성경은 왕이신 예수님의 탄생을 예언합니다.
5
그리스도와의 연결
이사야를 비롯한 구약성경의 많은 선지자가 다윗의 왕위를 영원히 견고하게 세우실 왕에 관해 예언했습니다. 나사렛 예수는 이러한 예언을 성취할 바로 그 왕이십니다.
6
선교적 적용
하나님은 우리에게 왕이신 예수님의 재림을 고대하는 사람답게 구속의 메시지를 선포하고 그분의 사랑을 드러내라고 하셨습니다.
오실 왕을 고대하다
1
7
8
Session Plan
9
Session Content
1. 오실 왕을 고대하다
10
11
12
13
14

1. Summary and Goal

각 세션의 핵심 내용을 알려 주는 세션 요약과 강조할 포인트를 정리해 본문의 흐름과 교재의 학습 목표를 놓치지 않도록 돕습니다.

2. 성경 본문

각 세션의 내용과 주제에 해당하는 성경 본문을 제시합니다. 《가스펠 프로젝트》는 연대기 성경 공부 교재로 성경의 큰 흐름에 따라 본문을 구성했습니다.

3. 세션 포인트

각 세션에서 강조할 포인트를 세 가지씩 열거해 인도자가 한눈에 세션의 요점을 개관하도록 합니다.

4. 신학적 주제

하나님이 구속사에서 행하신 일에 초점을 맞춰 본문을 이해하도록 주제를 제시해 본문의 흐름을 놓치지 않도록 돕습니다.

5. 그리스도와의 연결

해당 본문과 주제가 어떻게 예수 그리스도를 가리키며 연결되는지 자세히 살핍니다. 예수님과 각 세션 포인트의 상관성을 발견할 수 있도록 돕습니다.

6. 선교적 적용

각 세션에서 드러난 하나님의 계획을 우리의 사명과 연결해 말씀을 삶에 구체적으로 적용하도록 돕습니다.

7. Session Plan

세션의 개요와 신학적 주제, 그리고 질문을 연결해 각 세션의 주요한 부분을 한눈에 볼 수 있게 함으로써 인도자가 수업을 설계할 수 있도록 돕습니다.

8. 연대표

각 권의 연대적 흐름을 이해할 수 있도록 한눈에 볼 수 있는 연대표를 제공합니다. 각 본문에 해당하는 단계를 표시해 성경을 시간 순으로 이해하도록 돕습니다.

9. Session Content

학습자용에 있는 내용이 모두 들어 있으며, 인도자를 위한 내용이 추가되어 있습니다. 인도자를 위한 내용은 여백에 'Leader'라고 표시되어 있습니다. 상자 안에 있는 명언, 심화주석, 심화토론, 도입 옵션 등도 인도자용에만 들어 있으며, 명언 가운데 일부는 학습자용에도 있습니다.

10. 명언, 심화주석 등

본문과 관련해 교회사적으로 또 주석적으로 중요한 신학자와 목사의 서적이나 기타 아티클을 발췌해 제시함으로써 신학적 이해를 돕습니다.

11. 핵심교리 99

기독교 교리 가운데 핵심이 되는 99개의 내용을 추려 각 세션과 관련 있는 교리를 제시합니다. 성경 본문에 대한 신학적 이해를 넓히는 데 도움을 받을 수 있습니다.

12. 관찰 질문

본문을 구체적으로 이해하도록 돕는 질문을 제공합니다. 이를 통해 생각의 폭을 넓히고 성경의 진리를 실제적으로 받아들이는 데 도움을 받을 수 있습니다.

13. 하나님의 계획, 우리의 사명

각 세션에서 드러난 하나님의 계획을 우리의 사명과 연결해 말씀을 구체적으로 삶에 적용하도록 돕습니다.

14. 금주의 성경 쓰기(별책 부록_필사 노트)

대강절, 고난 주간에 성경 말씀을 필사하며 더 깊은 묵상으로 나아갈 수 있습니다.

*부가 자료

홈페이지 gospelproject.co.kr 자료실에 세션의 맥과 핵심을 짚어주는 강의 '세션 가이드', 세션의 각 질문에 대한 안내를 담은 '질문 가이드', 소그룹을 위한 '활동 자료'와 '가족 성경 읽기표'가 실려 있습니다.

오실 왕을 고대하다

1

Summary and Goal

이사야 선지자의 예언은 그리스도께서 오시기 약 700년 전에 기록되었습니다. 그중에는 유다의 유대인들에게 장차 오실 왕에 관해 알려 주는 예언이 있었습니다. 이 의외의 왕은 다윗의 후손으로 오실 것입니다. 그분은 성령 충만하시며 하나님의 정의와 구속을 세상에 가져오실 것입니다. 오실 왕에 관한 이사야의 예언을 통해, 우리는 하나님의 구원이 필요하다는 것과 우리가 주님의 사명을 감당하는 백성에 속하게 된 이유를 알 수 있습니다.

- **성경 본문**
  이사야 11:1~10

- **세션 포인트**
  1. 다윗의 혈통에서 나실 의외의 왕을 고대하십시오(사 11:1)
  2. 하나님의 공의를 실현할 성령 충만하신 왕을 고대하십시오(사 11:2~5)
  3. 구속하시고 백성을 세우실 왕을 고대하십시오(사 11:6~10)

- **신학적 주제**
  구약성경은 왕이신 예수님의 탄생을 예언합니다.

- **그리스도와의 연결**
  이사야를 비롯한 구약성경의 많은 선지자가 다윗의 왕위를 영원히 견고하게 세우실 왕에 관해 예언했습니다. 나사렛 예수는 이러한 예언을 성취하실 바로 '그 왕'이십니다.

- **선교적 적용**
  하나님은 우리에게 왕이신 예수님의 재림을 고대하는 사람답게 구속의 메시지를 선포하고 그분의 사랑을 드러내라고 하십니다.

Session Plan

도입

전 세계가 왕의 탄생을 기대하는 예로 영국의 조지 왕자의 탄생 이야기를 활용하십시오. 이것을 AD 1세기 유대인들이 메시아를 기다렸던 상황과 연결해 주십시오.

성탄절을 기다리는 동안 지키는 특별 행사가 있다면 어떤 것입니까?

기독교 신앙에서 기대감이 중요한 이유는 무엇입니까?

다윗의 혈통에서 나실 미래의 왕, 곧 하나님의 영으로 충만하실 왕에 관한 이사야의 예언과 관련해서 이 세션을 요약해 주십시오.

전개

1 다윗의 혈통에서 나실 의외의 왕을 고대하십시오 (사 11:1)

이사야는 그리스도께서 오시기 약 700년 전의 인물임을 언급하고 나서, 이사야 11장 1절을 읽으십시오. 그의 메시지가 그 당시 백성에게 어떤 소망을 주었을지 설명해 주십시오. 하나님이 다윗을 왕으로 만들겠다고 약속하셨던 것을 언급하면서 부연 설명을 해 주십시오.

하나님의 약속이 절망스러운 상황을 이겨 내게 한 경험을 이야기해 봅시다.

1절이 어떻게 해서 다윗까지 거슬러 올라갈 뿐만 아니라 그리스도께로 나아가게 되는지 설명해 주십시오. 다윗과 예수님은 왕이 될 것이라는 기대를 받지 못했다는 점이 비슷합니다.

예수님이 태어나셨을 때의 상황을 생각해 보십시오. 세상 왕들의 통치와 주님의 통치는 어떻게 다릅니까?

2 하나님의 공의를 실현할 성령 충만하신 왕을 고대하십시오 (사 11:2~5)

이사야 11장 2~5절을 읽으십시오. 이 구절들이 솔로몬을 어떻게 생각하게 하는지, 그리고 예수님을 기대하게 하는지 설명해 주십시오. 예수님은 이전의 모든 왕과 다르시며, 어떤 왕도 그분을 대신할 수 없습니다.

자신이 '성령 충만한' 사람이라고 생각합니까? 그렇거나 그렇지 않다면 그 이유는 무엇입니까?

우리가 믿음 가운데 순종하도록 성령님이 도우신다는 것을 아는 것은 어떤 유익이 있습니까?

3절의 '그가 여호와를 경외함으로 즐거움을 삼는다'라는 말이 무슨 뜻인지에 대해 나누어 보십시오. 예수님이 이 예언을 어떻게 실현하시는지, 그리고 십자가가 어떻게 공의를 위한 예수님의 온전한 헌신을 드러내는지 자세히 설명해 주십시오.

우리의 왕이신 예수님이 하나님의 공의를 실현하시는 것은 왜 중요합니까?

3 구속하시고 백성을 세우실 왕을 고대하십시오 (사 11:6~10)

이사야 11장 6~10절을 읽게 하십시오. 이사야의 예언에 나타난 피조물들에 관해 설명하고, 그것이 어떻게 인간의 평화를 상징하는지 설명해 주십시오.

우리의 선한 행동은 예수님이 세상을 치유하시리라는 믿음과 어떻게 연결되어야 합니까?

주님이 장차 이루실 완전한 회복의 맛보기인 교회는 어떻게 하면 그 역할을 더욱 잘 감당할 수 있을까요?

하나님은 그리스도를 통해 하나님을 위한 백성을 세우신다는 사실을 강조하십시오. 이사야 11장을 읽고 예수님의 가시적인 왕국과 미래 통치에 관해 토론하십시오.

그리스도께서 통치하실 미래를 그려 볼 때 어떤 면이 가장 기대됩니까?

이사야 11장에 묘사된 평화로운 모습이 아직은 어색하게 보이는 이유는 무엇입니까?

결론

성탄절은 우리가 예수님의 초림과 재림을 모두 생각하는 시간임을 말해 주십시오. 예수님의 초림과 재림 사이를 사는 우리에게는 구세주의 소식을 전할 사명이 우리에게 있음을 알려 주고 격려해 주십시오. 이 세션에서 배운 진리를 '하나님의 계획, 우리의 사명'에서 적용해 보십시오.

Session Content

1. 오실 왕을 고대하다

"그리스도의 이야기에서 하나님은 다시 올라가시기 위해 내려오신 것입니다. 그분은 무너진 온 세상과 함께 다시 일어나시기 위해 자신이 지은 맨 밑바닥까지 내려오셨습니다."[1]
_C. S. 루이스

핵심교리 99 **52. 왕이신 그리스도**

하나님은 하늘에서나 땅에서나 과거 영원에서부터 언제나 자기 왕국을 통치하는 왕이십니다. 그런데 두 영역에서 피조물 가운데 일부가 그분을 거슬러 반역했으며, 그 여파로 세상이 파괴되었습니다. 자신의 무너진 세상을 회복하기 위해 하나님은 자기 백성을 구원하고, 모든 피조물을 회복시킬 왕을 약속하셨습니다. 장차 오실 왕의 약속은 예수 그리스도 안에서 성취되었으며, 예수님이 자신의 신부인 교회를 위해 다시 오실 때 언약이 완전히 성취될 것입니다.

도입

왕이 될 아기가 탄생할 것이라는 소식을 듣고 전 세계 사람들이 축하했습니다. 돈이 많거나 적거나, 나이가 많거나 적거나 상관없이 방방곡곡에서 많은 사람이 축하와 선물을 계속해서 보냈습니다. 왕이 될 아기가 태어나는 그 아름다운 순간까지 시간이 지날수록 사람들의 기대감은 높아져만 갔습니다.

이것은 고대 어느 왕가의 이야기가 아닙니다. 2013년에 영국의 케임브리지 공작 부부인 윌리엄 왕세손과 케이트 왕세손비의 아들 조지 왕자에 관한 이야기입니다. 당시 사람들의 기대가 너무나도 커서 '아기 왕자 열풍'(royal baby fever)이라는 말이 생겨나기까지 했습니다.

> Leader

왕이 없는 나라까지도 영국의 왕좌에 앉게 될 아기의 탄생 소식에 열광하며 큰 관심을 보였습니다. 당시 사람들은 용감한 기사가 공주를 구출하고, 그녀와 아름다운 사랑을 나누는 동화를 떠올렸습니다. 왕이 태어났다는 소식은 미래에 관한 희망과 기쁨과 가능성을 불러일으켰습니다.

소망과 열망, 기대와 기쁨은 교회가 기념하는 성탄절의 핵심입니다. 그리스도의 성탄을 기념할 때, 우리는 메시아를 고대했던 AD 1세기 유대인들의 마음이 됩니다. 우리는 이제 메시아의 재림, 즉 왕이 다시 오셔서 모든 것을 바로잡으실 그때를 기대합니다.

Q 성탄절을 기다리는 동안 지키는 특별 행사가 있다면 어떤 것입니까?

Q 기독교 신앙에서 기대감이 중요한 이유는 무엇입니까?

Session Summary

이사야 선지자의 예언은 그리스도께서 오시기 약 700년 전에 기록되었습니다. 그중에는 유다의 유대인들에게 장차 오실 왕에 관해 알려 주는 예언이 있었습니다. 이 의외의 왕은 다윗의 후손으로 오실 것입니다. 그분은 성령 충만하시며 하나님의 정의와 구속을 세상에 가져오실 것입니다. 오실 왕에 관한 이사야의 예언을 통해, 우리는 하나님의 구원이 필요하다는 것과 우리가 주님의 사명을 감당하는 백성에 속하게 된 이유를 알 수 있습니다.

1. 다윗의 혈통에서 나실 의외의 왕을 고대하십시오(사 11:1)

> Leader

우리는 그리스도보다 약 700년 전에 살며 오실 왕에 관해 예언했던 이사야와 함께 이스라엘의 역사 속으로 들어가 성경 이야기의 흐름을 돌아볼 것입니다. 그리고 오실 메시아에 관해 그가 했던 예언의 의미를 살펴볼 것입니다. 다윗의 후손으로 오실 뜻밖의 왕에 관해 이사야가 예언했던 바로 그곳에서부터 시작해 봅시다.

1이새의 줄기에서 한 싹이 나며 그 뿌리에서 한 가지가 나서 결실할 것이요

> Leader

이 예언이 기록되었던 때, 즉 바벨론으로 잡혀가기 수년 전, 이스라엘 백성은 하나님이 다윗에게 주셨던 약속을 알고 있었습니다. 하지만 많은 사람이 소망을 포기한 채 살아갔습니다. 그들의 나라는 더 이상 다윗이 세웠던 막강한 왕국이 아니었습니다. 끔찍한 영적·정치적 결정이 이스라엘을 둘로 나누었습니다. 북이스라엘의 수많은 악한 왕들은 나라를 쇠약하게 만들었고, 남유다의 왕들은 그보다 조금 나았다 해도 역시나 다윗의 모범에는 미치지 못했습니다.

하나님이 이사야에게 주신 메시지는 소망이었습니다. 나라가 언젠가는 나무처럼 베일 것이지만('줄기'에 관한 언급에 주목하십시오), 하나님은 이새와 그 아들 다윗의 혈통에서 한 싹이 나게 하실 것입니다. 여기서 다윗을 왜 언급하는지 알아보기 위해 잠시 그때로 돌아가 보겠습니다.

심화 주석 이사야서에서는 '심판'에 대해 나무가 베임을 당하는 것으로 자주 묘사했습니다(사 6:13; 10:33~34). "이새의 줄기"라는 말은 다윗 혈통의 나무가 이미 잘려 나가긴 했지만 아직은 살아 있음을 나타냅니다. "싹"이 나는 것은 다윗의 혈통이 새롭게 살아날 것임을 보여 줍니다. 그것은 회복될 것이고, 다시 열매를 맺을 것입니다. 그 줄기가 다윗 대신에 이새와 연결된 것은 새로운 시작, 근원으로 돌아감, 후대의 부패한 유다 왕들과 구별됨을 보여 줍니다. 다윗의 혈통이 이어지는 것은 하나님의 은혜로 다윗과 맺으신 왕위의 언약에 기초합니다. "네 집과 네 나라가 내 앞에서 영원히 보전되고 네 왕위가 영원히 견고하리라"(삼하 7:16). 구속사가 진행되면서 새로운 다윗 왕조는 스룹바벨과 같은 다윗의 후손들이 아니라(스 3장; 슥 4장) 예수 그리스도 안에서 실현되었습니다.[2]

_트램퍼 롱맨 3세
HCSB Study Bible

심화 토론

- 예수님의 성품은 세상 왕의 성품과 어떤 부분에서 차이가 납니까?

심화 주석 앗수르의 높고 거만한 나무(참조, 사 10장)와, 이새의 낮고 초라한 줄기의 대조는 하나님이 겸손한 사람을 들어 사용하심으로써 하나님의 영광을 드러내신다는 것을 확인시켜 줍니다. 이것이 하나님이 일하시는 방법입니다. 이사야 4장 2절, 9장 6절, 11장 1절에서는 메시아의 모습을 언급하기 위해 각각 다른 용어를 사용하고 있지만, 이사야는 "여호와의 싹"(4:2)과 "다윗의 왕좌"(9:7)와 "이새의 줄기"에서 나오는 "싹"(11:1)을 의도적으로 연결한 듯 합니다.[3]

_게리 V. 스미스

"현시대가 어두울지라도, 소망과 낙관적인 자세는 인류를 위한 하나님의 목적을 믿음의 눈으로 볼 줄 아는, 곧 천국을 소망하는 사람들, 하나님을 좇는 사람들의 특징이 됩니다."[4]

_W. A. 크리스웰

다윗 돌아보기

> Leader

이스라엘에도 영광의 날들이 있었습니다. 왕을 세운 주변 나라들처럼 되고 싶다고 요구하기 전까지 백성은 하나님의 통치와 사사들의 지도를 받았습니다. 그러나 그들은 가시적 왕정 제도의 개념에 사로잡혀 눈에 보이는 왕을 찬양하고 섬기기를 원했습니다. 하나님은 그들의 요구를 받아들이셔서 사울을 이스라엘의 왕으로 기름 부으셨습니다. 사울은 잘생기고 힘이 강했습니다. 그러나 그에게는 치명적인 결함이 있었습니다. 그는 진실하지 못했고 하나님께 불순종했습니다. 그래서 하나님은 사울의 왕위가 이스라엘에서 계속되지 못할 것이라고 말씀하셨습니다.

하나님의 선지자 사무엘은 이새의 집으로 가라는 명령을 받았고, 하나님이 거기서 새 왕을 택하셨습니다. 사무엘은 이새의 아들들을 각각 살펴보았고, 마침내 목동인 다윗에게까지 이르렀습니다. 하나님은 사무엘에게 다윗을 온 이스라엘의 왕으로 기름 부으라고 명하셨습니다.

사울에 이어 왕위를 이은 다윗은 정복 전쟁을 통해 이스라엘의 국경을 확장했으며, 이스라엘을 그 지역에서 경제적·군사적 패권을 쥔 나라로 만들었습니다. 다윗은 주님의 도우심에 감사한 마음으로 하나님을 위한 성전을 건축하고 싶었습니다. 그러나 하나님은 그의 뜻을 거절하셨습니다. 그 대신에 다윗의 왕조를 세워 주실 것을 약속하셨습니다. 다윗의 후손 중에 한 사람을 통해 끝없이 이어질 영원한 왕국 말입니다.

이것이 이사야 11장 1절의 예언에 대한 배경입니다. 하나님은 이새의 아들 다윗왕에게 주셨던 약속을 신실하게 지키시기 위해, 죽은 것 같은 줄기에서 새로운 생명인 싹을 나게 하시겠다고 말씀하셨습니다. 절망적으로 보이는 상황에서도 하나님은 신실하실 것임을 약속해 주셨습니다.

Q 하나님의 약속이 절망스러운 상황을 이겨 내게 한 경험을 이야기해 봅시다.

그리스도 바라보기

하나님이 다윗에게 약속하신 가장 위대한 선물은 이사야 선지자가 예언한 지 수백 년이 지난 후에야 주어졌습니다. 하나님은 아들을 보내어 다윗의 후손으로 나게 하실 것입니다. 이 왕은 자신을 따르는 백성들을 인도하고 보호하고 돌보는 진정한 목자가 되실 것입니다. 그분은 자신의 백성에게 필요한 것을 자신의 목숨보다 우선하고, 세상 죄를 위해 자기를 제물로 드림으로써 궁극적인 왕이 되실 것입니다.

아무도 왕이 될 만하다고 생각하지 않았던 인물이 다윗이었습니다. 그가 왕이 된 일은 도무지 일어날 법하지 않은 의외의 사건이었습니다. 장차 오실 왕이신 예수님의 탄생은 다윗왕의 예상 밖의 등장과 닮았습니다. 예수님은 도무지 가망이 없어 보이는 상황에서, 즉 이새의 줄기에서 난 싹처럼 오실 것입니다. 그분이 잘 알려지지 않은 보잘것없는 가정에서 태어나시리라고는 그 누구도 예상하지 못했습니다. 이 왕은 가난한 목수와 동정녀 사이에서 태어나셨습니다(마 1장). 궁전이 아니라 동물들 옆에서 태어나셨습니다(눅 2장). 오직 하나님만이 자기 영광을 위한 이 놀라운 계획을 세우실 수 있습니다. 다윗이 뜻밖의 인물이었듯, 예수님도 모든 사람의 예상을 뒤엎고 우리를 구원하는 왕이 되셨습니다.

Q 예수님이 태어나셨을 때의 상황을 생각해 보십시오. 세상 왕들의 통치와 주님의 통치는 어떻게 다릅니까?

2. 하나님의 공의를 실현할 성령 충만하신 왕을 고대하십시오

(사 11:2~5)

> Leader
> 공의는 성경 전체에서 매우 중요한 주제입니다. 하나님의 백성이 사적으로든지 공적으로든지 의에 주리고 목마른 이유가 바로 이 때문입니다. 우리는 이제부터 공의를 실현하러 세상에 오실 왕에 관한 이사야의 예언을 자세히 살펴볼 것입니다.

2 그의 위에 여호와의 영 곧 지혜와 총명의 영이요 모략과 재능의 영이요 지식과 여호와를 경외하는 영이 강림하시리니 3 그가 여호와를 경외함으로 즐거움을 삼을 것이며 그의 눈에 보이는 대로 심판하지 아니하며 그의 귀에 들리는 대로 판단하지 아니하며 4 공의로 가난한 자를 심판하며 정직으로 세상의 겸손한 자를 판단할 것이며 그의 입의 막대기로 세상을 치며 그의 입술의 기운으로 악인을 죽일 것이며 5 공의로 그의 허리띠를 삼으며 성실로 그의 몸의 띠를 삼으리라

솔로몬 돌아보기

앞에서 우리는 메시아가 다윗의 후손으로 오실 것에 대해 어떻게 약

심화 주석 그 싹은 성격상 대부분 이기적이며 무시무시하고 잔인했던 다윗의 후손들과는 다릅니다. '하나님의 영'이 그 후손의 특징이 되실 것입니다. 성령님은 이 지도자를 지혜, 즉 다스리는 능력과 힘과 권세로 가득 채울 것입니다. 성경은 성령님이 지혜를 가져다주시며(출 31:3; 신 34:9), 지혜로 결실을 맺는 공정한 통치를 하실 수 있다고 말합니다(왕상 4:29; 잠 8:15~16). … '여호와를 경외하는 것'이 지혜롭고 경건한 사람의 기본 특성입니다(잠 1:7). 여기서 말하는 경외는 공포가 아닌 경외심입니다. 지혜와 하나님의 영으로 충만한 사람은 외모를 따라 판단하지 않지만, 진리의 마음으로 제대로 파악할 것입니다. … 이스라엘과 고대 근동의 악한 왕들은 가난하고 억압받는 약자들을 이용하고 착취했지만, 이 왕은 공의로 다스리고 그들의 권리를 보호할 것입니다. … '허리띠'로 번역된 히브리어 '에조르'는 의복의 은밀한 부분을 가리킵니다. 이 개념은 언약의 신실함을 보여 주는 두 가지 특성이 장차 오실 왕의 특징 중에 본질적인 부분이 될 것을 보여 줍니다.[5]

_트램퍼 롱맨 3세
HCSB Study Bible

심화 주석 초인적인 지혜의 능력과 그에 따른 사회 전반에 걸친 공의로운 통치, 절대 선의 실현, 악의 억제, 그리고 통치자 개인의 진정성의 보장. 여기에 유다 왕권에 관한 이상과 희망이 있습니다. 오늘날 서구 사회에서 군주의 개인 통치가 오래전에 폐지된 시점에, 우리가 선출한 정부는 동일한 자질이 요구되며 동일한 목적을 가져야 합니다.[6]

_조지 아더 버트릭

속되었는지를 배웠습니다. 그러나 이제, 본문을 계속 살펴봄에 따라 하나님이 약속하신 메시아가 지혜와 지식과 총명이 충만하시다는 것을 알게 됩니다. 그분은 지혜로 세상을 심판하실 것입니다. 메시아에 대한 이러한 묘사는 하나님이 주신 지혜로 이름을 알린 다윗의 아들 솔로몬을 떠오르게 합니다.

> Leader

솔로몬은 아버지를 이어 왕위를 계승할 때, 하나님께 무엇이든지 구할 수 있는 기회를 얻었습니다. 그는 고백했습니다. "주께서 전에 큰 은혜를 내 아버지 다윗에게 베푸시고 내가 그를 대신하여 왕이 되게 하셨사오니 여호와 하나님이여 원하건대 주는 내 아버지 다윗에게 허락하신 것을 이제 굳게 하옵소서 주께서 나를 땅의 티끌같이 많은 백성의 왕으로 삼으셨사오니 주는 이제 내게 지혜와 지식을 주사 이 백성 앞에서 출입하게 하옵소서 이렇게 많은 주의 백성을 누가 능히 재판하리이까"(대하 1:8~10). 솔로몬은 이스라엘을 다스리기 위해서는 지혜가 필요하다는 사실을 깨달았고, 하나님은 그의 간구를 들어주셨습니다.

그리스도 바라보기

솔로몬의 지혜와 정의감이 감탄스러울지라도, 이사야의 예언에 나오는 오실 왕과는 비견할 수 없습니다. 이새의 줄기에서 나오는 싹, 그분의 성령 충만한 지혜를 우리는 이해할 수 없을 것입니다. 이사야는 그분 위에 여호와의 영이 강림하실 것이라고 선포했습니다. 지혜와 총명의 영이 그분의 것입니다. 지식과 여호와를 경외하는 영이 그분의 것입니다. 이 모두가 솔로몬이 잠언에 기록했던 왕에게 필요한 자질입니다. 이것들은 참된 분별력으로 통치할 왕에게 꼭 있어야 할 것들입니다.

> Leader

지혜가 무엇입니까? 지식을 실제적으로 적용하는 것이며, 삶의 여러 어려운 상황들을 성공적으로 타개할 수 있는 능력입니다.

총명이 무엇입니까? 분별력을 갖고 최선의 것을 선택하는 능력이며 옳고 그름을 판별하는 능력입니다.

모략이 무엇입니까? 다른 이들에게 지혜를 전하는 능력입니다.

이새의 줄기에서 난 싹은 지혜롭고 담대하며, 자기 백성을 인도할 능력이 있는 분이십니다. 그는 자기 백성의 더 큰 유익을 위해 가장 어려운 결정을 내릴 수 있는 왕이십니다. 하나님의 영이 그 위에 계십니다. 그는 이전 모든 왕과 다를 뿐만 아니라 어떤 왕도 그분을 절대 따라갈 수 없을 것입니다.

Q 자신이 '성령 충만한' 사람이라고 생각합니까? 그렇거나 그렇지 않다면 그 이유는 무엇입니까?

Q 우리가 믿음 가운데 순종하도록 성령님이 도우신다는 것을 아는 것은 어떤 유익이 있습니까?

"그가 여호와를 경외함으로 즐거움을 삼을 것이며"라고 쓰인 3절을 보십시오. 주님을 경외하는 것은 감미롭고 향긋한 향기처럼 예수님을 기쁘시게 하는 것입니다. 그분의 단 한 가지 소원은 하나님의 뜻을 이루는 것입니다. 그분은 단순히 눈에 보이는 대로, 귀에 들리는 대로 심판하시는 분이 아닙니다. 성급하게 결정하지 않고 제대로 정확하게 심판할 분별력이 있으신 분입니다.

> Leader

예수님은 모든 면에서 이사야의 예언이 성취되었음을 보여 주셨습니다. 요한복음 1장 17절에 따르면, 예수 그리스도를 통해 은혜와 진리가 왔습니다. 그분은 은혜와 진리가 충만하신 완벽한 재판관입니다. 복음서에서 예수님을 만났던 많은 사람의 이야기들은 그들의 영적 상황을 평가하시는 예수님을 보여 줍니다. 성령님을 따라 평가하시기에 거짓이 없습니다.

요한복음 4장에서 우물가의 여인과 대화하고 교제할 때 예수님은 그녀의 성별이나 문화나 당시 상황을 문제 삼지 않으셨습니다. 예수님은 그녀를 다른 사람들의 말로 판단하지 않으셨습니다. 경제적 형편도 보지 않으셨습니다. 예수님은 하나님의 공의를 완성하는 의로운 왕이십니다.

그리스도께서 십자가에서 우리를 위해 죽으셨을 때, 하나님의 공의가 완성되었습니다. 주님은 우리를 위해 중보하셨고, 십자가에서 하나님의 모든 진노를 감당하셨습니다. 십자가야말로 하나님의 공의가 완벽하게 충족되는 곳이었습니다. 우리 죄는 심판을 받아야만 했고, 주님이 우리를 대신하여 심판을 받으셨습니다. 예수님의 십자가 죽음은 하나님의 궁극적인 공의와 은혜를 동시에 보여 주었습니다. 십자가에서 우리의 모든 형벌을 받으심으로써, 그리스도를 믿는 사람들은 의롭게 되었고, 그로 인해 죄에서 자유롭게 되었습니다.

Q 우리의 왕이신 예수님이 하나님의 공의를 실현하시는 것은 왜 중요합니까?

"성경에 기록된 웅장한 이야기를 통해 복음을 전체적으로 조망하면, 그것은 하나님이 우리 죄를 용서하시고 우리에게 영생을 주셨다는 이야기일 뿐만 아니라, 우리가 어떤 죄에서 용서받았는지, 영생이 과연 어떤 것인지에 관한 이야기이기도 하다는 것을 알게 됩니다."[7]
_매트 챈들러

심화 토론

- 대부분의 교회가 공의에 관한 하나님의 사랑과 헌신을 잘 드러내고 있다고 생각합니까? 그렇거나 그렇지 않다면 그 이유는 무엇입니까?
- 공의를 위해 교회/공동체가 어떻게 나서야 한다고 생각합니까?

심화 주석 미래에 이루어질 통치는 하나님의 피조물들 사이에 어떤 적대감도 없었던 에덴 시대처럼 묘사됩니다. "여호와를 아는 지식"(사 11:9)은 이새의 줄기에서 나는 싹이 인도할 미래의 이상적인 세상에 가득할 것입니다. "이새의 뿌리"(10절)는 "이새의 줄기"(1절)를 지칭하는 다른 표현입니다. 물론 줄기는 나무의 뿌리 부분도 포함하지만, 이 이미지를 언급하는 것은 숨어 있는 생명력이 보존되고 있음을 강조하기 위한 방법입니다. 여기서 이새의 뿌리는 군대가 집결하는 기준을 나타내는 깃발입니다. 여기서 깃발은 남은 자가 다시 모이기 위한 집결 지점입니다.[8]

_트램퍼 롱맨 3세
HCSB Study Bible

3. 구속하시고 백성을 세우실 왕을 고대하십시오(사 11:6~10)

> Leader 이사야 선지자는 다음 예언에서 하나님이 왕을 통해 세상을 구원하고 자기 백성을 세우시면 우리 삶의 모습이 어떻게 될지 보여 줍니다.

*6 그때에 이리가 어린양과 함께 살며 표범이 어린 염소와 함께 누우며 송아지와
어린 사자와 살진 짐승이 함께 있어 어린아이에게 끌리며 7 암소와 곰이 함께 먹
으며 그것들의 새끼가 함께 엎드리며 사자가 소처럼 풀을 먹을 것이며 8 젖 먹는
아이가 독사의 구멍에서 장난하며 젖 뗀 어린아이가 독사의 굴에 손을 넣을 것
이라 9 내 거룩한 산 모든 곳에서 해 됨도 없고 상함도 없을 것이니 이는 물이 바
다를 덮음같이 여호와를 아는 지식이 세상에 충만할 것임이니라 10 그날에 이새
의 뿌리에서 한 싹이 나서 만민의 기치로 설 것이요 열방이 그에게로 돌아오리
니 그가 거한 곳이 영화로우리라*

〈동물의 왕국〉이라는 TV 프로그램에서 먹이를 쫓는 포식 동물을 본 적이 있을 것입니다. 야생에서 동물들은 종종 전쟁을 치르곤 합니다. 1등만이 살아남습니다. 동물들은 생존을 위해, 새끼들을 돌보기 위해 먹이와 보금자리를 놓고 서로 싸웁니다. 우리는 자연에서 쉽게 포식자와 먹이의 관계를 관찰할 수 있습니다.

그런데 본문에서는 함께할 수 없을 것 같은 동물들이 평화롭게 지내는 것을 볼 수 있습니다. 이리와 양, 표범과 염소, 암소와 사자, 아이와 독사가 조화롭게 어울려 삽니다. 먹이나 자원을 서로 차지하려고 다투지 않고 삶과 자원을 공유하고 있습니다.

> Leader 겁도 없이 독사 굴에서 노는 어린아이를 그냥 놔둘 사람이 과연 있을까요? 그러나 독사가 어린아이를 절대 해치지 않을 것이라고 확신하는 사람은 그럴 수 있습니다. 이사야의 예언에서는 어린아이를 비롯해 약한 동물들 곧 맹수의 먹잇감들이 두려움 없이 맹수들과 더불어 지냅니다. 그들은 위험을 느끼지도 않습니다. 진정한 평화가 있는 세상에서 살아갑니다.

자연은 잔인할 수 있고, 인간 또한 야만적인 방식으로 행동할 수 있습니다. 죄로 인해 피조 세계가 겪게 된 불행 중 하나입니다. 그러나 감사하게도, 이사야의 예언이 보여 주는 것처럼 하나님의 통치 아래에서 인간은 평화롭게 살게 될 것입니다. 이사야 11장 9절은 하나님의 거룩한 산에서는 해 됨도 없고, 상함도 없을 것이라고 말합니다. 하나님의 백성에게 약속된

얼마나 평화롭고 아름다운 광경입니까!

Q **우리의 선한 행동은 예수님이 세상을 치유하시리라는 믿음과 어떻게 연결되어야 합니까?**

Q **주님이 장차 이루실 완전한 회복의 맛보기인 교회는 어떻게 하면 그 역할을 더욱 잘 감당할 수 있을까요?**

하나님은 그리스도를 통해 자기 백성을 세우십니다. 디도서 2장 14절은 예수님이 "우리를 대신하여 자신을 주심은 모든 불법에서 우리를 속량하시고 우리를 깨끗하게 하사 선한 일을 열심히 하는 자기 백성이 되게 하려 하심"이라고 말합니다. 이것은 그리스도께서 우리를 속량하시어 곁에 두시고, 오직 주님만을 위해 살게 하심을 의미합니다. 그리스도 안에 있는 우리는 그분의 소유이며 그분의 백성입니다.

예수님은 우리를 자기 소유로 주장하셨을 뿐만 아니라, 하나님 나라를 완성하시기 위해 다시 오실 것입니다. 이사야 11장에 묘사된 평화로운 세상은 그리스도의 미래 통치에 관한 예언입니다. 10절은 열방이 주님을 찾을 것이며, 주님이 거하시는 곳이 영화로울 것임을 알려 줍니다.

> Leader

다른 구절들은 인류의 최종 상태를 묘사합니다. 요한계시록 22장에서 생명나무가 있는 미래 왕국을 봅니다. 이 나무의 잎사귀는 "만국을 치료하기 위하여" 있을 것이고, 다시는 "저주"가 없을 것입니다(2~3절). 그리스도께서는 보좌에 앉으실 것이며, 모든 것이 원래 창조되었던 목적대로 기능할 것입니다. 세상은 죄의 결과로부터 자유로울 것이고 그리스도를 따르는 우리는 거기에 함께 있을 것입니다. 그곳은 하나님이 우리를 위해 준비해 두신 아름답고 영광스러운 나라입니다!

Q **그리스도께서 통치하실 미래를 그려 볼 때 어떤 면이 가장 기대됩니까?**

Q **이사야 11장에 묘사된 평화로운 모습이 아직은 어색하게 보이는 이유는 무엇입니까?**

심화 주석 한편으로 하늘의 하나님이 어떻게 보좌에서 일어나 지상으로, 심지어 음부까지 뛰어내리셨는지, 그러고는 어떻게 전열을 가다듬고 서셨는지, 사탄은 또 그분을 대적하여 어떻게 열을 갖추고 있는지 들어보십시오. 사탄은 가려져 있는 하나님을 대적하는 게 아니라, 인간의 본성에 숨겨진 하나님과 대적하는 것입니다. 그리고 경탄할 것은, 죽음으로 파괴된 죽음과 저주로 소멸된 저주와 사탄이 우세했던 바로 그것으로 인해 사탄의 통치가 무너지는 것을 우리가 보게 될 것이라는 사실입니다.[9]

_요한 크리소스톰

"회복을 위한 하나님의 계획은 지금보다 훨씬 좋고, 훨씬 대단한, 태초 에덴의 상태로 우리를 데려갑니다."[10]

_피터 젠트리

"오셔서 모든 것을 새롭게 하옵소서! 폐허가 된 이 땅을 일으키소서! 빛바랜 낙원을 회복하시고 피조물들이 거듭나게 하소서. 오셔서 주님의 영원한 평화로 통치하소서! 오셔서 주님 나라를 받으시옵소서. 위대한 의의 왕이시여!"[11]

_호라티우스 보나르

> "하나님의 아들이자 우리 하나님이신 그리스도의 초림은 잘 알려지지 않았습니다. 그러나 재림은 온 세상이 보게 될 것입니다. 주님이 드러내지 않고 오셨을 때는, 그분의 종들만이 알아보고 아무도 그분을 알아보지 못했습니다. 하지만 주님이 드러내고 오실 때는, 선한 사람이나 악한 사람이나 모두가 주님을 보게 될 것입니다. 드러내지 않고 오셨을 때는 심판을 받기 위해 오셨지만, 드러내고 오실 때는 심판하러 오실 것입니다."[12]
> _어거스틴

심화 토론

- 성탄절에 예수님의 재림을 더욱 기대하게 하는 전통이나 관행에는 어떤 것들이 있습니까?

결론

> Leader 하나님은 처음부터 나라를 세워 오셨고, 그 나라는 복음을 통해 온전히 실현될 것입니다. 그리스도의 희생과 부활을 통해 우리는 하나님의 백성으로 구원받았습니다. 이제 우리는 다시 오실 왕과 그 나라에 관한 소식을 가서 전하도록 부름 받았습니다.

성탄절은 그리스도의 오심을 생각하는 시간입니다. 첫째, 우리는 하나님의 아들이 사람이 되시어 우리를 구원하기 위해 자신을 바치신 때의 초림 예수님을 돌아봅니다. 둘째, 하나님의 구속과 공의를 이룰 왕으로 다시 오실 재림의 주를 고대합니다.

그동안 우리는 구세주의 복음을 세상에 전해야 합니다. 그분은 회개하고 복음을 믿는 사람들의 삶과 마음속에 성령님을 통해 찾아오십니다. 예수님의 초림과 재림 사이에서 주변 사람들에게 복음을 전합시다. 그리스도께서 그들 삶에 찾아와 구원을 베풀어 주실 수 있도록 말입니다.

그리스도와의 연결

이사야를 비롯한 구약성경의 많은 선지자가 다윗의 왕위를 영원히 견고하게 세우실 왕에 관해 예언했습니다. 나사렛 예수는 이러한 예언을 성취하실 바로 '그 왕'이십니다.

하나님의 계획 우리의 사명

선교적 적용 하나님은 우리에게 왕이신 예수님의 재림을 고대하는 사람답게 구속의 메시지를 선포하고 그분의 사랑을 드러내라고 하십니다.

1. 죽음에서 건져 생명을 주시겠다는 하나님의 약속이 복음을 전파하는 데 어떤 영향을 끼치나요?
2. 사회에서 억압받는 사람들을 위해 교회/공동체가 어떠한 도움을 줄 수 있습니까?
3. 예수 그리스도의 복음을 더 잘 전하기 위해 우리는 성탄절을 어떻게 보내야 할까요?

금주의 성경 쓰기
사 9:6~7; 11:1~5; 렘 23:5~8

성탄 찬송을 부르다

2

Summary and Goal

빌립보서 2장 5~11절에서 하늘을 떠나 연약하고 보잘것없는 아기로 이 땅에 오신 그리스도를 보게 될 것입니다. 그분은 겸손하게 자신을 낮추셨습니다. 구유에서 십자가에 이르기까지 안락함 대신에 하나님의 뜻을 끊임없이 선택하신 주님이 사람으로 사신 삶은 우리에게 순종의 모범을 보여 줍니다. 십자가에서 죽으신 주님은 마침내 다시 살아나셔서 보좌에 오르셨고 하나님 아버지께 높임을 받으셨습니다. 언젠가는 모든 무릎이 주의 이름을 경배할 것이고, 모든 입이 예수님을 주로 시인할 것입니다.

- **성경 본문**
  빌립보서 2:5~11

- **세션 포인트**
  1. 하늘에서 땅으로 내려오시기까지 그리스도께서는 자신을 낮추셨습니다(빌 2:5~7)
  2. 구유에서 십자가까지 그리스도께서는 순종하셨습니다(빌 2:8)
  3. 십자가에서 하늘 보좌로 그리스도께서는 높아지셨습니다(빌 2:9~11)

- **신학적 주제**
  성자 하나님은 겸손하게 순종하여 사람이 되셨습니다.

- **그리스도와의 연결**
  초기 그리스도인들은 그리스도께서 세상에 오신 성육신 사건, 우리를 위해 십자가에 못 박혀 죽으신 사건, 세상의 주로 높아지신 사건을 기념했습니다.

- **선교적 적용**
  하나님은 우리에게 그리스도께서 보여 주셨던 겸손한 종의 자세를 취하라고 명하십니다.

Session Plan

도입

성탄절에 자기 자신을 만족시키려는 경향과 그것이 그리스도께 영광을 돌리고 그분을 예배하는 것을 어렵게 만드는 이유를 강조하면서 시작하십시오.

성탄절 때 우리의 마음을 가장 들뜨게 만드는 것은 무엇입니까?

우리를 구원하기 위해 이 땅에 예수님을 보내신 하나님을 예배하도록 돕는 성탄절 전통에는 어떤 것이 있습니까?

겸손의 궁극적인 모범이신 그리스도를 합당하게 찬양(빌 2:5~11)하는 이 세션의 내용을 요약해 주십시오.

전개

1

하늘에서 땅으로 내려오시기까지 그리스도께서는 자신을 낮추셨습니다 (빌 2:5~7)

비행기의 일등석과 나머지 좌석들의 차이에 관해 이야기를 나누십시오. 이 예시가 그리스도께서 우리와 같이 되시고 우리를 위해 고난당하기 위해 포기하신 것이 무엇인지를 엿볼 수 있게 해 준다는 것을 말해 주십시오.

남을 위해 자기 권리나 안락함을 포기한 사람을 본 적이 있습니까? 그들에게서 어떤 것을 느꼈습니까?

우리 사회에서 희생적인 삶의 모습을 찾아보기 힘든 이유가 무엇이라고 생각합니까?

빌립보서 2장 2~7절을 읽게 하십시오. 그리스도의 자발적인 낮아지심의 두 측면인 버리심과 취하심에 관해 언급해 주십시오. 예수님이 하나님이기를 포기하지 않으신 채 인류를 위해, 그리고 인류와 합류하시기 위해 신성과 관련된 특권의 일부를 버리신 부분을 설명해 주십시오. 성육신을 통해 예수님은 제한받고 종의 신분을 취하셨습니다.

예수님이 성육신하셔서 종으로 섬기신 겸손의 모습은 우리 신앙에 어떤 도전을 줍니까?

2

구유에서 십자가까지 그리스도께서는 순종하셨습니다 (빌 2:8)

빌립보서 2장 8절을 읽고, 예수님의 인성을 무시하는 경향을 짚어 주십시오. 서너 명씩 짝지어 학습자용 교재에 실린 표의 질문에 답하게 하십시오. 잠시 후 다시 모여 답을 나누게 하십시오.

성경에서 예수님이 유혹받으신 사건과 인성 때문에 받으셨을 유혹을 나열해 보십시오.

예수님의 죽으심과 부활　　제자도　　부활 선포

예수님이 하나님 아버지께 온전히 순종하셨다는 사실에서 어떤 신앙의 격려를 받을 수 있습니까?

예수님이 유혹 가운데서도 온전히 순종하며 십자가에 못 박히신 일은 결코 쉬운 일이 아니었습니다. 그러나 예수님은 그 어려운 일을 자발적으로 기쁘게 감당하셨음을 강조해 주십시오.

겸손하게 자신을 낮추는 것과 순종 사이에는 어떤 연관성이 있습니까?

어떻게 하면 예수님이 스스로 자신을 낮추신 모습을 나의 삶에 적용할 수 있을까요?

3 십자가에서 하늘 보좌로 그리스도께서는 높아지셨습니다 (빌 2:9~11)

업적을 기념하는 것이 그 업적에 대한 합당한 반응임을 언급해 주십시오.

우리는 성탄절에 어떤 방식으로 그리스도의 업적을 기리고 있습니까?

바울이 본문의 초점을 하나님 아버지의 행위로 돌리고 있다는 점을 지적하고, 빌립보서 2장 9~11절을 읽게 하십시오. 하나님 아버지께서 예수님을 높이신 것은 예수님이 자신을 낮추시고 순종하신 것과 직결된다는 사실을 설명해 주십시오.(부록 2 '신약성경에 나타난 구약성경의 말씀' 참고, 예수님 앞에 무릎을 꿇고 입으로 고백하는 것은 성경에서 찾을 수 있는 그분의 신성에 대한 또 다른 증거라는 사실에도 주목하십시오.)

그리스도가 누구이신지를 알려 주는 가사가 담긴 노래나 찬송에는 어떤 것이 있습니까?

어떻게 하면 그 노래의 가사를 통해 그리스도인들의 믿음을 격려하고, 믿지 않는 사람들을 예수님께로 돌이키게 할 수 있습니까?

결론

그리스도께서 하나님의 영광을 위해 살고 죽으셨던 것처럼, 우리 또한 겸손한 태도와 희생적인 행동으로 계속해서 하나님 아버지께 찬양의 제사를 드려야 한다는 점을 일깨워 주십시오. 이 세션에서 배운 진리를 '하나님의 계획, 우리의 사명'에서 적용해 보십시오.

Session Content

2. 성탄 찬송을 부르다

도입 옵션

가족과 함께 지키는 성탄절 행사나 예배에 관해 서로 나누십시오. 그것이 성탄절을 맞이할 때 예수님께 초점을 맞추는 데 어떤 도움이 되는지 이야기를 나누고, 그리스도 중심의 전통을 만들도록 격려하십시오.

"오! 베들레헴의 거룩한 아기시여! 우리에게 내려오시기를 기도합니다. 우리 죄를 벗겨 내시고 들어오셔서 오늘 우리 중에 탄생하소서! 성탄절 천사들이 위대한 기쁜 소식을 전하는 것을 듣습니다. 오! 우리에게 오소서, 우리와 함께 거하소서. 우리 주 임마누엘이시여!"[1]

_필립스 브룩스

도입

> Leader

성탄절은 "하나님이 우리와 함께하신다"는 뜻의 임마누엘을 기념하는 날입니다. 그러나 그 의미를 기억하는 것은 사실 어렵습니다.

성탄 당일까지 끝없이 이어지는 파티와 쇼핑 목록, 그리고 가족 모임은 우리를 분주하고 피곤하게 만듭니다. 이러한 분주함 너머에는 지속적으로 욕구를 만족시키고 싶은 유혹이 존재합니다. 할머니의 요리에서 신상품에 이르기까지, 성탄절에는 우리 마음과 육신이 장난감과 별미로 채우고 싶어 하는 경향이 최고조에 달합니다. 이 기간에 우리는 우리 자신과 우리의 욕구와 소원, 그리고 새해 결심과 같은 것들에 몰두하곤 합니다.

성탄절 기간에 문제가 되는 것은 분주함입니다. 과잉과 자기만족도 문제입니다. 그러나 이런 것들이 성탄절에 그리스도를 기념하고 그리스도께 영광을 돌리는 데 가장 큰 방해가 되는 것은 외적인 것이 아니라 모든 것을 우리 자신이 원하는 대로 하려는 우리 내면의 경향성입니다. 우리는 인생이 자신만을 위한 것이 아님을 종종 잊어버리곤 합니다. 성탄절 역시 당연히 우리 자신을 위한 것이 아닙니다. 우리는 성탄절이 그리스도에 관한 날임을 의식적으로 기억해야 합니다. 성탄절은 가족과 즐겁게 시간을 보내거나 아이들을 위해 추억거리를 만들거나 선물로 사랑을 표현하는 날이 아닙니다.

> Leader

성탄절은 우리를 위해 독생자를 보내신 하나님께 예배드리는 날이 되어야 합니다. 우리 영혼에 가져다주는 기쁜 소식을 바라보고 예배하는 마음으로 이 세션을 살펴봅시다.

Q 성탄절 때 우리의 마음을 가장 들뜨게 만드는 것은 무엇입니까?

Q 우리를 구원하기 위해 이 땅에 예수님을 보내신 하나님을 예배하도록 돕는 성

탄절 전통에는 어떤 것이 있습니까?

"그리스도를 흠모하고 본받음으로써, 하나님의 백성으로서 연합을 경험할 것입니다. 연합은 연합에 관한 설교의 결과가 아니라 백성이 예수님을 흠모하고 본받음의 결과입니다. 주님의 영광을 보면 볼수록, 그리고 그분의 속성을 닮아 가면 닮아 갈수록 우리는 교회로서 더욱 연합하게 될 것입니다."[2]
_토니 메리다 & 프랜시스 챈

Session Summary

빌립보서 2장 5~11절에서 하늘을 떠나 연약하고 보잘것없는 아기로 이 땅에 오신 그리스도를 보게 될 것입니다. 그분은 겸손하게 자신을 낮추셨습니다. 구유에서 십자가에 이르기까지 안락함 대신에 하나님의 뜻을 끊임없이 선택하신 주님이 사람으로 사신 삶은 우리에게 순종의 모범을 보여 줍니다. 십자가에서 죽으신 주님은 마침내 다시 살아나셔서 보좌에 오르셨고 하나님 아버지께 높임을 받으셨습니다. 언젠가는 모든 무릎이 주의 이름을 경배할 것이고, 모든 입이 예수님을 주로 시인할 것입니다.

심화주석 교회들이 연합하지 못하는 흔한 이유는 겸손이 부족하기 때문입니다. 많은 사람이 지도하고 알려지며 인정받고 존경받기를 원합니다. 모두가 자기 말을 듣고 순종해 주기를 원합니다. 그러나 우리 사이의 차이를 하나님의 창의적인 표현으로 볼 때, 우리 가운데 있는 하나님의 영광을 볼 수 있을 것입니다. 겸손해져야 합니다. 남들보다 낫다고 생각하지 말아야 합니다. 오히려 모든 사람이 그리스도의 몸에 속하게 되고, 그리스도의 몸에 기여할 수 있도록 격려합시다. 이것이 교회를 위해 의도된 목적입니다.[3]
_Africa Study Bible

1. 하늘에서 땅으로 내려오시기까지 그리스도께서는 자신을 낮추셨습니다(빌 2:5~7)

> Leader

처음 비행기를 탔을 때가 열여덟 살 무렵이었습니다. 그날 승객이 거의 없었기 때문에 승무원들은 저를 비롯한 소수의 승객들에게 관심을 집중했습니다. 저는 그들의 안내 한 마디 한 마디에 귀를 기울이고, 가장 가까운 비상구를 주시하면서 앞좌석 뒷주머니에서 안내 책자를 끄집어내어 꼼꼼히 읽고 내용을 숙지했습니다. 그 후 저는 비행기를 수십 번 탔습니다. 그래서 첫 비행 때 제가 그랬듯이, 모든 도표를 면밀히 살피며 승무원의 안내에 귀를 기울이는 비행기를 처음 타는 것 같아 보이는 사람들을 발견하면 미소를 머금게 됩니다. 승객 대부분이 자리에 앉자마자 잠을 청하거나 책을 읽거나 게임을 하는 반면에, 비행기를 처음 타는 사람들은 휘둥그레진 눈으로 비행기 안 여기저기를 두리번거리곤 합니다.

한때 새로웠던 비행이 이제 제게는 익숙한 일상이 되었고, 탑승 이전의 절차도 능숙하게 처리합니다.

비행기를 타면, 먼저 와서 기다리지 않고 출발 시간에 맞춰 와서 곧바로 탑승구로 들어가는 일등석 탑승객이나 특별 손님이 있습니다. 일등석은 다른 좌석보다 서너 배나 비쌉니다. 우선 탑승권과 다리를 뻗을 수 있을 만큼의 넓은 공간, 크고 편안한 좌석과 승무원의 특별 서비스가 포함된 금액이기 때문입니다. 게다가 일등석 뒤에 있는 커튼을 치고 나면 다른 승객과 구분되는 공간이 됩니다.

핵심교리
99

47. 예수님의 인성

성경은 예수님이 완전한 하나님이자 동시에 완전한 사람이심을 증거합니다. 구약성경은 하나님이 약속하신 메시아가 태어나실 것이라고 예언했으며(사 7:14; 9:6; 미 5:3), 신약성경은 예수님의 생애에 인간사의 모든 특징이 담겨 있음을 보여 주었습니다. 예수님은 인간이라면 흔히 겪게 되는 일들, 즉 굶주림(마 4:2), 목마름(요 19:28), 피곤함(마 8:24), 슬픔(요 11:35)을 체험하셨으며, 심지어 십자가의 고통까지 경험하셨습니다.

일등석으로 무상 업그레이드할 기회가 주어진다면, 누구나 그 기회를 절대로 놓치지 않을 것입니다. 반대로 일등석 표를 가지고도 넓고 편안한 좌석을 버리고 비행기 뒤편의 화장실 옆 좁은 자리에 앉는다면 그것은 매우 어리석은 일일 것입니다.

이러한 예는 비록 그리스도께서 기꺼이 인내하신 굴욕에는 비할 바 아니지만, 그리스도께서 하나님의 계획에 따라 우리 중 하나가 되기 위해 무엇을 포기하셨는지를 조금이나마 엿보게 해 줍니다. 그리스도께서는 고난받는 종이 되기 위해 자신의 능력과 특권과 위신을 행사할 권리를 내려놓으셨습니다.

Q 남을 위해 자기 권리나 안락함을 포기한 사람을 본 적이 있습니까? 그들에게서 어떤 것을 느꼈습니까?

Q 우리 사회에서 희생적인 삶의 모습을 찾아보기 힘든 이유가 무엇이라고 생각합니까?

성경은 그리스도 예수께서 겸손하게 자신을 낮추신 것에 관한 많은 이야기를 들려주고 있습니다. 우리는 그분의 본을 따라야 합니다.

[5]너희 안에 이 마음을 품으라 곧 그리스도 예수의 마음이니 [6]그는 근본 하나님의 본체시나 하나님과 동등됨을 취할 것으로 여기지 아니하시고 [7]오히려 자기를 비워 종의 형체를 가지사 사람들과 같이 되셨고

그리스도께서 스스로 낮아지신 위대한 겸비는 하나님 아버지와 우리를 향한 그분의 사랑의 깊이를 입증합니다. 성자 하나님이 하늘에서 내려와 땅에 거하시게 된 이 위대하고 험난한 여정에는 두 가지 측면이 있습니다. 그리스도께서는 버리셨고, 또한 취하셨습니다.

> Leader

그분이 무엇을 버리셨는지를 깨닫기 위해서는 먼저 예수님이 지상에 오시기 전에 참으로 하나님으로 존재하셨다는 사실을 믿어야 합니다. 요한복음 1장 말씀이 이 사실을 말해줍니다. "태초에 말씀이 계시니라 이 말씀이 하나님과 함께 계셨으니 이 말씀은 곧 하나님이시니라 그가 태초에 하나님과 함께 계셨고 만물이 그로 말미암아 지은 바 되었으니 지은 것이 하나도 그가 없이는 된 것이 없느니라"(요 1:1~3). 말씀이신 예수님이 태초에 하나님과 함께 계셨습니다. 그분이 만물을 지으셨고, 그분 없이는 아무것도 존재할 수 없습니다.

우리가 예수님의 능력과 상태와 신성의 실체에 관해 오랫동안 파고 들더라도, 그분의 겸비와 동반된 위엄을 완전하면서도 정확하게 이해할 수는 없을 것입니다. 예수님은 하나님이기를 포기하지 않으신 채 인류를 위해, 그리고 인류와 연합하기 위해 신성에 따른 특권을 내려놓으셨습니다.

> Leader

예수님은 우리가 하나님 아버지와의 영원한 관계 안에 들어올 수 있도록 우리가 상상할 수 없는 엄청난 희생을 치르셨습니다. 사도 바울은 이렇게 기록했습니다. "우리 주 예수 그리스도의 은혜를 너희가 알거니와 부요하신 이로서 너희를 위하여 가난하게 되심은 그의 가난함으로 말미암아 너희를 부요하게 하려 하심이라"(고후 8:9).

그리스도께서는 우리가 하나님의 고귀한 임재를 영원히 즐길 수 있게 하시려고 일시적으로 하나님 아버지 곁의 고귀한 보좌를 포기하셨습니다.

그리스도께서는 버리셨을 뿐만 아니라 취하셨습니다. 일등석을 포기한 것과 가장 좋지 않은 좌석으로 옮겨서 다른 승객들을 섬기기로 선택하신 것은 별개의 문제입니다. 예수님은 영광과 장엄함을 누릴 권리를 버리셨고 성육신하심으로써 제한과 제약을 받으셨습니다.

> Leader

예수님이 자신을 비우셨다는 말은 예수님이 신성을 버리셨다는 말이 아닙니다. 성육신하여 인성을 취하셨다는 뜻입니다(빌 2:7). 자신을 이렇게 비우심으로써 예수님은 전적으로 하나님이시며 전적으로 인간인 신인(神人)으로 존재하십니다. 예수님은 지상에 계시는 동안 '하나님이 우리와 함께하신다'라는 뜻의 임마누엘로서 최상의 겸비를 보여 주셨지만, 대부분의 사람들은 이것을 전혀 깨닫지 못했습니다.

하나님의 아들은 인간으로 사시는 동안 겸손한 종의 소명을 따르셨고, 벌거벗겨진 인간의 삶을 사셨습니다. 이 모든 것은 무방비한 상태의 의존적인 아기로 태어나신 데서부터 시작되었습니다. 주님은 계속해서 종의 자세를 취하셨습니다. 자원하여 제자들의 발을 씻기셨고, 모욕당하고 상처받으면서도 신실하게 견디셨습니다. 왜 그러셨을까요? 주님은 "인자가 온 것은 섬김을 받으려 함이 아니라 도리어 섬기려 하고 자기 목숨을 많은 사람의 대속물로 주려 함이니라"(막 10:45)라고 말씀하셨습니다.

Q 예수님이 성육신하셔서 종으로 섬기신 겸손의 모습은 우리 신앙에 어떤 도전을 줍니까?

심화 주석 하나님을 위해 살려면, 신자의 마음이 올바른 모델을 따를 필요가 있습니다. 그리스도인들이 이러한 마음 자세를 그리스도와 연합된 덕분에 받는 것인지("곧 그리스도 예수의 마음이니", 빌 2:5), 아니면 그리스도의 모델에 근거해서 얻게 되는 것인지에 관해서는 논란이 있습니다. 이 서신서의 일관된 주제인 자세의 본보기에 비추어(예수님, 바울, 디모데, 에바브로디도가 모두 본보기로 제시됩니다) 많은 해석자가 후자를 택했습니다. 두 개념 모두 신학적으로 옳습니다. 어떤 해석을 선택하든지 빌립보 교회가 마음을 같이했고(2절), 사랑으로 뜻을 합했으며(2절), 겸손으로 남을 낫게 여겼고(3절), 다른 사람들의 일을 돌봤다는 것(4절), 즉 1~5절의 핵심 주제는 동일합니다.[4]

_션 M. 맥도너

심화토론

- 어떤 때 예수님의 인성을 소홀히 여기게 됩니까?
- 어떤 때 예수님의 신성을 간과하게 됩니까?

심화 주석 "죽기까지 복종하셨으니"(빌 2:8)라는 표현은 그리스도께서 자신을 낮추신 방법을 설명합니다. 그리스도의 낮아지심은 자기 뜻에 반해서 일어난 것이 아닙니다. 하나님으로 존재하시며 하나님과 동등하신 분이 자원하여 낮아지지 않으셨다면, 다른 사람이나 힘에 의해 낮아지거나 굴욕당할 수는 없으셨습니다. 그분이 굴욕에 복종하신 것은 자신의 능동적인 순종의 결과로밖에는 설명되지 않습니다. 그분은 주권을 행사하기보다는 종으로서 복종하기를 선택하셨습니다. 하나님으로 존재하시는 그분은 종의 형태를 취하기로 한 하나님의 결정을 순종하며 확정하셨습니다. 하나님으로 존재하는 것은 영광이고, 종의 형태는 굴욕입니다. 그리스도께는 순종하심으로써 종의 굴욕에서 하나님의 영광을 드러냄과 동시에 그 영광을 숨기셨습니다. 그리스도의 순종의 정도는 "죽기까지"라는 표현에서 강조됩니다. 이것은 순종의 시간이 아니라 순종의 정도를 나타내는 말입니다. 요점은 순종의 기간이 아니라 어느 정도까지 순종하셨는가에 관한 것입니다. 예수님의 순종은 그분을 죽음의 극한까지 몰아갔습니다.[5]

_G. 월터 핸슨

2. 구유에서 십자가까지 그리스도께서는 순종하셨습니다(빌 2:8)

8 사람의 모양으로 나타나사 자기를 낮추시고 죽기까지 복종하셨으니 곧 십자가에 죽으심이라

> Leader

최근에 장거리 자동차 여행을 하던 중에 우리 가족은 로이스 로우리의 소설 《기억 전달자》(*The Giver*)를 오디오북으로 들었습니다. 이 유명한 책은 기획된 통제 사회를 묘사합니다. 그곳에는 투쟁도 우울함도 다툼도 질투도 없습니다. 그러나 실상은 그 도시 주민들은 감정 표현을 거의 하지 않는 것이었습니다.

언뜻 보기에 이 공동체는 완벽해 보입니다. 아이들은 부모에게 기꺼이 순종합니다. 어른들은 제정된 법과 그들에게 부여된 역할에 복종합니다. 그러나 내막을 깊숙이 살펴보면, 선택의 여지가 없어 순종했다는 점이 명백해집니다. 그들은 약물에 의해 조화롭게 된 것입니다. 죄와 무질서를 추구하는 인간의 본성이 통제와 획일화, 진정제에 의해 억제되었습니다.

예수님이 우리와 똑같이 유혹과 두려움에 직면했던 참사람이셨음을 우리는 쉽게 잊습니다. 이따금 그리스도의 이야기를 동화책의 상상 속 이야기처럼 여기기도 합니다. 즉 예수님이 아무런 노력이나 욕망이나 문제도 없이 이 세상을 잘 살아가신 듯이 생각할 때도 있습니다. 그러나 우리 각자 안에 있는 내적 싸움이 그분 안에도 있었습니다.

"우리에게 있는 대제사장은 우리의 연약함을 동정하지 못하실 이가 아니요 모든 일에 우리와 똑같이 시험을 받으신 이로되 죄는 없으시니라"(히 4:15).

성경에서 예수님이 유혹받으신 사건과 인성 때문에 받으셨을 유혹을 나열해 보십시오.	예수님이 하나님 아버지께 온전히 순종하셨다는 사실에서 어떤 신앙의 격려를 받을 수 있습니까?

> **Leader**
> 예수님은 우리가 상상할 수 있는 이기주의, 교만, 나태, 탐심 등 모든 유혹에 직면하셨습니다. 그러나 매번 모든 유혹에 저항하고 싸우시는 바른 선택을 하셨습니다. 예수님이 바른 선택을 하실 수 있었던 것은 선택이 쉬웠다거나 죄를 지을 기회가 없었기 때문이 아니었습니다. 그리스도께서는 하나님 아버지의 뜻을 이루시고자 하는 근본적인 갈망과 확고한 결심을 가지고 계셨기에 순종하셨습니다.

"신성을 가지고 선재하시는 그리스도께서는 성육신을 피하기 위해 자기 신성을 내세우지 않으셨습니다. 이와 반대로 인간의 형태를 취하심으로써 기꺼이 자신을 아무것도 아닌 것으로 여기셨습니다. 더 나아가 수치스러운 죽음에 이르기까지 하나님께 순종하심으로써 자신을 종의 신분으로 더욱 낮추셨습니다."[6]
_모이세스 실바

태어나면서부터 이 땅에서의 마지막 날까지, 예수님은 완전히 기쁘게 순종하셨습니다. 그러나 무의식적으로 하지 않으셨습니다. 예수님은 어떤 대가를 치르게 될지 분명히 아셨음에도 불구하고, 고난의 유익을 아셨기 때문에 아버지의 일에 항상 몰두하셨습니다(참조, 눅 9:51; 히 12:2).

"온순하게 영광을 내려놓으시고, 사람들이 더 이상 죽지 않게 하시려고 태어나셨네, 땅의 아들들을 일으키시려고 태어나셨네, 그들에게 두 번째 탄생을 주시려고 태어나셨네. 들어라! 천사들이 노래한다. '새로 태어나신 왕께 영광!'"[7]
_찰스 웨슬리

> **Leader**
> "예수께서 승천하실 기약이 차가매 예루살렘을 향하여 올라가기로 굳게 결심하시고"(눅 9:51).
> "승천"이란 장차 주님이 하나님 아버지의 오른편에 오르실 것을 의미하고, "예루살렘을 향하여 올라가심"은 십자가 사건을 암시합니다.
> "믿음의 주요 또 온전하게 하시는 이인 예수를 바라보자 그는 그 앞에 있는 기쁨을 위하여 십자가를 참으사 부끄러움을 개의치 아니하시더니 하나님 보좌 우편에 앉으셨느니라"(히 12:2).
> 예수님이 겟세마네 동산에서 배반을 당하셨던 밤에 우리는 예수님의 순종의 삶에서 가장 중요한 순간을 엿볼 수 있습니다. 자신을 기다리는 고통과 고난을 아셨던 하나님의 아들은 "얼굴을 땅에 대시고 엎드려 기도하여 이르시되 내 아버지여 만일 할 만하시거든 이 잔을 내게서 지나가게 하옵소서 그러나 나의 원대로 마시옵고 아버지의 원대로 하옵소서"(마 26:39)라고 기도하셨습니다. 그날 저녁에 관해 누가는 이렇게 덧붙입니다.
> "예수께서 힘쓰고 애써 더욱 간절히 기도하시니 땀이 땅에 떨어지는 핏방울같이 되더라"(눅 22:44).

예수님은 순종의 선택을 놓고 고뇌하셨고, 다른 길을 위해 간구하기까지 하셨습니다. 예수님도 인간이셨기에 순종이 쉽지는 않으셨습니다. 그러나 하나님의 계획과 영광을 향한 사랑과 헌신 때문에 순종만을 택하셨습니다. 예수님은 인류를 위한 하나님의 목적을 위해 십자가를 향한 고통스러운 길을 신중하면서도 기쁘게 걸으셨습니다. 하나님의 구속 계획이 완성되기까지 조롱과 고문을 견디면서 십자가에 달리셨습니다.

Q 겸손하게 자신을 낮추는 것과 순종 사이에는 어떤 연관성이 있습니까?

"우리가 사모하는 구속자가 얼마나 낮아지셨는가! 우리가 어떻게 교만할 수 있겠습니까? 십자가 발아래 서서 우리를 씻어 준 붉은 핏방울을 보고 가시 면류관을 바라보며, 피가 솟구치는 그분의 찢긴 몸을 보십시오. 날카로운 못으로 뚫린 그분의 손과 발을 보고, 비통함과 고뇌가 서린 얼굴을 보십시오. 전율하는 그분의 비명 소리를 들어보십시오, '나의 하나님, 나의 하나님, 어찌하여 나를 버리셨나이까?' 십자가 앞에 엎드리지 않는다면, 이 모습을 볼 수 없습니다. 예수님 앞에서 겸손하지 않다면, 당신은 그분을 모르는 것입니다."[8]
_찰스 스펄전

Q 어떻게 하면 예수님이 스스로 자신을 낮추신 모습을 나의 삶에 적용할 수 있을까요?

3. 십자가에서 하늘 보좌로 그리스도께서는 높아지셨습니다
(빌 2:9~11)

> Leader

저는 마지막 기말고사를 치렀던 상쾌한 아침을 생생하게 기억합니다. 대학 강의실에 기진맥진한 상태로 들어섰지만, 시험을 본 뒤에는 경쾌한 발걸음으로 나섰습니다. '끝났어! 이제 다시는 시험을 볼 필요가 없어!' 성취감에 젖었습니다. 그 후 학위 수여식에서 검은색 학사모와 가운을 입고 수천 명의 인파 앞에서 자랑스럽게 걸어가 학위를 받았습니다. 4년간의 수고와 새로운 시작을 앞둔 인생을 축하하는 그 특별한 증서는 오늘날까지도 저의 사무실을 장식하고 있습니다.

무언가를 축하하고 기념하는 것은 인생에서 달콤한 순간들입니다. 생일과 결혼, 그리고 승진에서 졸업에 이르기까지, 축하란 잠시 멈추어서 그동안 성취한 모든 일을 의미 있고 즐거운 방식으로 돌아보는 것입니다. 그것은 중요한 단계를 통과한 일이나 업적을 세운 일에 대한 올바른 반응입니다.

Q 우리는 성탄절에 어떤 방식으로 그리스도의 업적을 기리고 있습니까?

지금까지 본문의 초점은 예수님이었습니다. 바울은 이제 초점을 그리스도의 태도에서 하나님 아버지의 일하심으로 돌립니다. 그는 아름다운 축하 찬송의 후렴구를 점점 크게 들려줍니다.

9이러므로 하나님이 그를 지극히 높여 모든 이름 위에 뛰어난 이름을 주사 10하
늘에 있는 자들과 땅에 있는 자들과 땅 아래에 있는 자들로 모든 무릎을 예수
의 이름에 꿇게 하시고 11모든 입으로 예수 그리스도를 주라 시인하여 하나님
아버지께 영광을 돌리게 하셨느니라

성경에서 "이러므로"나 "따라서"가 보이면 주의를 기울이고 무슨 일이 일어나고 있는지 살펴봐야 합니다. 일반적으로 중요한 결론이 다가올 때 이 말들을 사용하기 때문입니다. 본문에서는 9절에서 전환이 일어납니다. 5~8절이 참이기에 9~11절의 결과가 있습니다. 다른 말로 하면, 예수님이 자신을 낮추어서 인간이 되셨고, 십자가에서 죽기까지 하나님의 계획을 순종적으로 따르셨기에 하나님이 예수님을 높이셨으며, "만유의 주"라는 가장 위대한 이름을 주셨던 것입니다.

> Leader

오래전 이사야서의 예언은 이미 그리스도의 고귀한 이름을 암시했습니다. "이는 한 아기가 우리에게 났고 한 아들을 우리에게 주신 바 되었는데 그의 어깨에는 정사를 메었고 그의 이름은 기묘자라, 모사라, 전능하신 하나님이라, 영존하시는 아버지라, 평강의 왕이라 할 것임이라"(사 9:6). 예수 그리스도의 완전한 순종으로 하나님 아버지께서 그분을 높이셨고 장엄한 통치를 회복시키셨던 것입니다.

성경에서 "이러므로"나 "따라서"가 중요하듯이, "~하게 하시다" 역시 중요합니다. 본문에서 "이러므로"와 "~하게 하시다"는 우리로 하여금 성경의 매우 중요한 주제를 발견하게 합니다. "만물이 주의 영광을 위해 존재한다"라는 주제 말입니다.

하나님은 의도를 가지고 그리스도를 높이셨습니다. 우리가 이 땅에서 기념하듯이 예수님의 역사를 단순히 기념하는 것이 아닙니다. 그리스도께 모든 이름 위에 뛰어난 이름을 주신 사건은 책장을 장식하는 트로피처럼 한 번으로 끝나는 선물이 아닙니다. 이 이름은 그리스도께서 마리아의 태의 자녀로 세상에 오셨을 때 놓고 오셨던 영광스러운 지위를 회복하시는 것을 의미합니다. 예수님의 높임은 역사 속에서 계속해서 반향을 일으키고 있습니다. 이 모두가 결과적으로, 아들을 창세전의 영화로 회복시키신 하나님 아버지를 영화롭게 합니다(요 17:4~5).

> Leader

많은 주석가가 빌립보서 2장 5~11절이 초대교회의 찬가였다는 데 동의합니다. 이것이 사실이라면, 바울은 예수님의 주권을 찬양하며 확신하는 당시에 사랑 받았던 유명한 가사를 인용했던 것입니다. 심지어는 모든 입이 예수 그리스도를 주라 시인한다는 구체적인 표현도 복음 메시지의 요약에 해당합니다.[9]

시적 단어들의 리듬과 반복에 곡을 붙이는 데는 뭔가 특별한 것이 있습니다. 많은 사람이 어렸을 때 불렀던 노래를 오랜 시간이 흐른 뒤에도 쉽게 떠올립니다. 초대교회는 찬송을 통해 그리스도를 기념하고 예배하는 아름다운 전통을 이어 갔습니다. 이 전통은 개인이나 공동체가 성령님의 역사를 통해 그리스도의 이름으로 아버지의 영광을 예배하는 오늘날까지 계속되고 있습니다.

심화 주석 빌립보서 2장 9~11절은 하나님을 역사하시는 분으로 묘사합니다. 여기서도 두 동사가 생각의 틀을 잡아 줍니다.

첫째, 어떤 사람들은 이것을 최상급으로 간주하여 '가장 높이'를 의미한다고 생각하지만, "하나님이 그를 지극히 높여"(9절, 여기서만 나오는 단어)라는 말은 하나님이 예수님께 새로운 지위를 주셨음을 암시합니다.

둘째, 하나님이 그분께 "모든 이름 위에 뛰어난 이름"을 주셨는데, 이 이름은 "주"라는 이름입니다(11절, '퀴리오스'는 곧 여호와를 의미함). "모든 무릎이 꿇고 모든 입이 시인한다"라는 말은 그리스도의 승귀로 인한 결과 중 하나에 관해 말해 줍니다(10~11절). 이런 자세와 고백은 순종적인 경외를 암시합니다. '모든'이란 공간적인 차원을 포함합니다. "하늘에… 땅에… 땅 아래에…"(10절). 이것들은 산 자와 죽은 자를 가리킵니다(복받은 자와 정죄받은 자). 모두 하나님께 영광을 돌립니다. 이것은 예수님이 하나님과 인간 사이를 중재하신다는 점을 가르쳐 줍니다. 그분은 주님으로서 예배의 초점이시고, 하나님의 뜻을 지상에서 이행하는 집행자이십니다.[10]

_리처드 R. 멜릭 Jr.

Q 그리스도가 누구이신지를 알려 주는 가사가 담긴 노래나 찬송에는 어떤 것이 있습니까?

Q 어떻게 하면 그 노래의 가사를 통해 그리스도인들의 믿음을 격려하고, 믿지 않는 사람들을 예수님께로 돌이키게 할 수 있습니까?

"나는 그리스도인이라는 이름 외에는 달리 불리고 싶은 이름이 없습니다. 그리스도께서 내 유일한 주님이며 주인이시기 때문입니다. 루터와 츠빙글리와 부처 같은 사람들이 그토록 놀랍게 가르치고 고백했던 분이 바로 이분이십니다. 그분의 이름은 시온산에서 주와 그리스도로 불리는 아버지가 주신 모든 이름 위에 있는 이름입니다."[11]
_카타리나 쉬츠 첼

심화토론

위의 명언을 읽고 다음 질문을 하십시오.

- 그리스도께서 높임을 받으시도록 하기보다 그리스도에 관한 것만 탁월하게 가르치는 사람을 귀하게 여기도록 유혹받은 경험이 있습니까?
- 그리스도인에게는 어떤 언행을 기대하게 됩니까?

"그분은 우리가 자기 자랑을 버리고 더욱 겸손해지도록 그분의 겸손이 무엇이며 얼마나 가치 있는가를 보여 주십니다."[12]
_암브로시애스터

결론

예수님은 하나님의 뜻을 이루기 위해 자기 영광과 특권을 버리시고, 고난받는 길을 취하셨습니다. 감당하기 어렵지만 우리가 추구해야 할 모범의 길입니다. 바울은 빌립보서 2장 5절에서 우리에게 그리스도의 마음을 품고 그분의 삶을 본받으라고 말합니다. 겸손하게 자신을 낮추고 자기를 부인하며 순종함으로 하나님께 영광을 돌리는 삶 말입니다. 그리스도께서 하나님의 영광을 위해 살고 죽으셨던 것처럼, 우리 또한 하나님 아버지께 겸손한 태도와 희생적인 행동을 지속적인 찬양의 예물로 바쳐야 합니다.

더 나아가 우리는 다른 그리스도인들과의 관계나 세상에서의 행동을 통해 겸손하게 하나님을 영화롭게 할 수 있습니다. 이기적으로 보내기 쉬운 성탄절 기간에 사심 없이 구주를 기념하면서 세상의 별처럼 빛을 비춥시다(빌 2:15). 섬김을 받기보다는 서로 겸손하게 섬깁시다. 모든 사람 앞에서 하나님의 순결한 자녀로 겸손하게 살아감으로써, 사람들이 우리의 착한 행실을 보고 하나님께 영광을 돌리게 합시다(마 5:16). 그리고 그리스도와 마찬가지로, 우리도 세상에서 겸손하게 살 때 고난을 당할 테지만 때가 되면 하나님이 높여 주실 것입니다(벧전 5:6).

"너희 안에 이 마음을 품으라 곧 그리스도 예수의 마음이니"(빌 2:5).

그리스도와의 연결
초기 그리스도인들은 그리스도께서 세상에 오신 성육신 사건, 우리를 위해 십자가에 못 박혀 죽으신 사건, 세상의 주로 높아지신 사건을 기념했습니다.

하나님의 계획 우리의 사명

선교적 적용 하나님은 우리에게 그리스도께서 보여 주셨던 겸손한 종의 자세를 취하라고 명하십니다.

1. 예수님이 인간이 되셨을 때 보여 주셨던 겸손한 태도를 우리는 어떻게 따를 수 있습니까?
2. 순종의 어떤 단계로 부름받고 있습니까? 소그룹을 어떻게 격려하고 기도하며 책임감 있게 도울 수 있습니까?
3. 어떻게 하면 올해 성탄절을 구주와 그분이 우리를 위해 하신 일을 기념하는 기간으로 보낼 수 있을까요?

금주의 성경 쓰기
마 1:21~23;
2: 13~23;
눅 2:10~11

성탄, 하나님의 영광이 드러나다

3

Summary and Goal

성탄의 영광은 조명 불빛이나 선물 꾸러미나 상업주의적 과시에 있지 않습니다. 성탄의 영광은 예수 그리스도를 통해 세상에 들어오시어 우리 가운데 거하시고 자신을 계시하신 하나님의 사랑 이야기에서 드러납니다. 성탄의 영광은 그리스도의 성육신입니다.

- **성경 본문**
  요한복음 1:14~18

- **세션 포인트**
  1. 성탄의 영광은 자기 백성 가운데 거하시는 하나님의 영광입니다 (요 1:14~15)
  2. 성탄의 영광은 우리에게 은혜와 진리를 주시는 하나님의 영광입니다 (요 1:16~17)
  3. 성탄의 영광은 우리에게 하나님을 나타내 보이신 예수님의 영광입니다 (요 1:18)

- **신학적 주제**
  예수님은 육신을 입고 우리 가운데 오신 하나님의 아들이시며, 삼위일체의 두 번째 위격이십니다.

- **그리스도와의 연결**
  율법은 모세를 통해 주어졌지만, 은혜와 진리는 우리에게 하나님을 보여 주신 예수 그리스도를 통해 임했습니다.

- **선교적 적용**
  하나님은 우리에게 그리스도를 대신해 하나님의 영광을 증거하라고 말씀하십니다.

Session Plan

도입

어릴 때 가난한 동네에서 자랐던 저자가 산타클로스와 성탄절과 관련해 들려주는 이야기를 나눠 주십시오. 이 이야기는 하나님에 대한 저자의 생각에도 영향을 끼쳤습니다. 그러나 그리스도의 성육신을 완전히 이해하고 나서는 관점이 달라졌습니다.

하나님께 '버림받았다'고 느낄 만한 소외된 장소가 있다면 어디입니까? 그곳의 특징은 무엇입니까?

이 세션을 요약해 주십시오.

전개

1 성탄의 영광은 자기 백성 가운데 거하시는 하나님의 영광입니다 (요 1:14~15)

'성육신'의 뜻을 알려 주고, 그 중요성을 강조해 주십시오. 그 후에 자원자에게 요한복음 1장 14~15절을 읽게 하십시오. 예수님의 성육신을 구약의 성막과 연결해 주십시오. 이와 관련하여 출애굽기 40장을 통해 이스라엘과 함께 거하시는 하나님의 임시 거처로서의 성막에 대해 언급해 주십시오. 부록 3 '출애굽기에서 만나는 예수님'을 참고하여 출애굽과 성육신의 관련성 세 가지를 강조해 주십시오. "발람의 축복/예수님의 탄생", "이스라엘, 하나님의 장자/그리스도, 하나님의 아들", "율법/은혜와 진리"

'방문'과 '거주'의 차이는 무엇입니까?

하나님이 이 세상을 거주하는 집으로 선택하신 일이 왜 중요합니까?

은혜와 진리가 충만하신 하나님의 독생자, 예수님의 유일성을 강조해 주십시오. 우리도 세례 요한처럼 우리의 영향력 아래 있는 사람들로 하여금 예수님을 바라보게 하고 그분을 따르게 해야 합니다. 그럼으로써 우리가 아닌 예수님이 영광을 받으시게 해야 합니다.

사람들이 우리가 아닌 그리스도를 바라보도록 격려하려면 어떻게 해야 합니까?

2 성탄의 영광은 은혜와 진리를 주시는 하나님의 영광입니다 (요 1:16~17)

요한복음 1장 16~17절을 읽고, 예수님을 통해 우리가 받은 은혜의 깊이에 관해 이야기해 주십시오.

복음에 합당한 삶을 살아가는 데 필요한 것들은 무엇입니까? 예수님의 신성은 우리의 필요를 어떻게 채워 주십니까?

예수님의 성육신으로 하나님의 은혜가 세상에 실현되었음을 설명해 주십시오. 그러고 나서 그리스도의 영, 곧 성령님이 믿는 자 안에 거하게 되심으로써 우리 심령에도 그 은혜가 영적으로 실현되었음을 설명해 주십시오. 그럼으로써 우리는 거룩해질 능력을 얻었습니다. 그러나 무엇보다도 성육신을 통해 우리 구원과 의롭게 됨이 가능해졌습니다. 예수님이 친히 자신의 몸으로 우리 죗값을 대신 치러 주셨기 때문입니다.

그리스도의 은혜와 진리를 따라 사는 것이 어떻게 하나님의 역사를 증거하는 데 도움이 됩니까?

3

성탄의 영광은 우리에게 하나님을 나타내 보이신 예수님의 영광입니다 (요 1:18)

요한복음 1장 18절을 읽으십시오. 예수님의 성육신이라는 매우 특별한 방식으로 하나님이 우리에게 계시되었다는 사실에 주목해 주십시오.

모든 종교의 성인은 우리를 하나님께로 인도한다는 주장에 대해 어떻게 생각하십니까?

예수님이 스스로에 대해 밝히신 말씀은 이런 주장과 어떻게 다릅니까?

성부와 성자의 특별한 관계를 이야기해 주시고, 두 분이 성령과 더불어 동등한 삼위일체의 하나님이심을 설명해 주십시오. 성자 예수님은 성부 하나님을 이 세상에 계시하시는 분이시므로 인류는 이 예수님께 어떻게 반응하느냐에 따라 심판을 받을 것입니다. 그러므로 우리는 도움이 필요한 사람들이 하나님의 풍성한 은혜 가운데 그리스도와 만날 수 있도록 도와야 합니다.

하나님이 어떤 분이신지에 대한 우리의 생각과 기대를 예수님은 어떻게 완성하셨나요? 또 어떤 영향을 끼치셨나요?

결론

그리스도께서 우리 구원을 위해 성육신하신 사건이 사람들을 예수님께로 인도하는 우리 사명의 본이자 능력임을 강조해 주십시오. 이 세션에서 배운 진리를 '하나님의 계획, 우리의 사명'에 적용해 보십시오.

Session Content

3. 성탄, 하나님의 영광이 드러나다

여기에는 어떤 환상이나 속임수도 없었습니다. 하나님의 아들의 어린 시절은 실제였습니다. 생각하면 할수록 더욱 믿기 어려워질 뿐입니다. 성육신 이야기만큼 기막힌 이야기는 없습니다.[1]
_제임스 패커

도입

저는 다섯 살 때부터 산타클로스를 믿지 않았습니다. 가난하다 보니 저희 집에서는 TV로 보는 것과 같은 성탄절을 보낼 수가 없다는 걸 알게 된 것입니다. 저희 가족은 12월 25일이 되어도 크리스마스트리 아래 예쁘게 포장된 선물 꾸러미들을 뜯기 위해 잠을 설칠 일이 없었습니다.

혼자서 이런 생각을 했던 기억이 납니다. '산타도 다른 사람들처럼 한밤중에 우리 동네에 오기가 무서우신 걸 거야. 그게 아니라면 산타는 그냥 없는지도 모르지.' 그런데 형이 저에게 진실을 말해 줬습니다. 산타클로스는 없으며 우리가 선물을 못 받는 건 우리 집에 돈이 없기 때문이고, 산타가 있다고 해도 우리 동네엔 오지 않을 거라고 말입니다.

> Leader

성탄절의 부재는 우리 동네가 쇠락했다는 사실을 다시금 깨닫게 해 주었습니다. 몇 년이 지난 후에 저는 야구팀이나 레슬링팀 친구들이 우리 집에 놀러 오거나 자러 오는 것을 꺼린다는 사실을 눈치챘습니다.

수년간 저는 하나님도 우리 동네에는 오기 싫어하실 거라고 믿었습니다. 그러나 몇 년 후에 주님이 저를 구원해 주셨을 때, 제 생각이 완전히 틀렸다는 것을 깨달았습니다. 하늘의 부요하신 이가 우리를 위해 가난하게 되심에 관해 목사님이 설교하실 때, 저의 회심이 시작되었습니다. 목사님이 인용하셨던 바울의 말씀이 생각납니다.

"우리 주 예수 그리스도의 은혜를 너희가 알거니와 부요하신 이로서 너희를 위하여 가난하게 되심은 그의 가난함으로 말미암아 너희를 부요하게 하려 하심이라"(고후 8:9).

저는 이 말씀에 집중했습니다. 목사님은 계속해서 예수님의 성육신이 가져다준 현실을 설명하시며, 그분이야말로 하나님이 주신 가장 위대한 성탄절 선물임을 설명해 주셨습니다. 처음으로, 저는 하나님이 우리 동네를 버리신 게 아님을 알게 되었습니다. 교회와 성령님의 역사를 통해 주님은 이미 그곳에 계셨던 것입니다. 제가 미처 모르고 있었을 뿐이었습니다.

Q 하나님께 '버림받았다'고 느낄 만한 소외된 장소가 있다면 어디입니까? 그곳의 특징은 무엇입니까?

> Leader 죄인들이 하나님과 다시 친밀하게 교제하기 위해서는 그리스도의 성육신이 필요합니다. 성탄절 기간은 단순히 우리의 감성을 건드리거나 자선을 베풀기 위해 존재하는 것이 아닙니다. 성탄절은 그리스도를 통해 하나님의 임재 앞에 나아갈 기회를 얻은(히 4:14~16) 사람들이 세상으로, 그것도 열악한 곳으로 나아가 그리스도의 빛을 비추어야 함을 일깨워 줍니다.

심화 주석 하나님이 사람이 되셨습니다. 하나님은 우리에게 자기 영광을 보여 주셨습니다. 하나님은 우리에게 은혜와 진리를 주셨습니다. 하나님은 문자 그대로 우리 가운데 '장막을 치셨습니다.' 이스라엘 진영 가운데 있던 성막을 기억합니까? 성막은 율법의 장소이자 하나님이 임재하시는 곳이며 계시가 주어지는 곳이요, 희생 제물을 드리는 곳이며 예배의 중심입니다. 이제는 예수님이 새 언약으로 이 모든 것을 제공해 주십니다.[2]

_케네스 O. 갱글

Session Summary

성탄의 영광은 조명 불빛이나 선물 꾸러미나 상업주의적 과시에 있지 않습니다. 성탄의 영광은 예수 그리스도를 통해 세상에 들어오시어 우리 가운데 거하시고 자신을 계시하신 하나님의 사랑 이야기에서 드러납니다. 성탄의 영광은 그리스도의 성육신입니다.

1. 성탄의 영광은 자기 백성 가운데 거하시는 하나님의 영광입니다(요 1:14~15)

> Leader '성육신'으로 번역된 단어의 뜻은 '육신으로'입니다. 그리스도인에게 '성육신'은 이론적인 용어가 아닙니다. 하나님의 은혜가 예수 그리스도의 탄생으로 의인화된 순간을 떠올리게 함으로써 우리에게 위로와 기쁨을 가져다주는 단어입니다. 하나님은 성육신을 통해 이 세계에 들어오심으로써 스스로 구원할 수 없는 죄인들을 구원하셨습니다. 요한복음이 다음 장면을 어떻게 설명하는지 보십시오.

14말씀이 육신이 되어 우리 가운데 거하시매 우리가 그의 영광을 보니 아버지의
독생자의 영광이요 은혜와 진리가 충만하더라 15요한이 그에 대하여 증언하여
외쳐 이르되 내가 전에 말하기를 내 뒤에 오시는 이가 나보다 앞선 것은 나보다 먼저 계심이라 한 것이 이 사람을 가리킴이라 하니라

심화 주석 육신으로 오신 하나님의 영광은 은혜와 진리로 충만했습니다. 요한은 출애굽기 33~34장을 가리키는 것이 분명합니다. 모세가 "주의 영광을 내게 보이소서"(출 33:18)라고 간청하자 주님은 이렇게 대답해 주십니다. "내가 내 모든 선한 것을 네 앞으로 지나가게 하고 여호와의 이름을 네 앞에 선포하리라 나는 은혜 베풀 자에게 은혜를 베풀고 긍휼히 여길 자에게 긍휼을 베푸느니라"(출 33:19). 그러므로 하나님의 영광은 곧 하나님의 선하심입니다. 그래서 모세는 시내산에 서서 이런 일을 경험합니다. "여호와께서 구름 가운데에 강림하사 그와 함께 거기 서서 여호와의 이름을 선포하실새 여호와께서 그의 앞으로 지나시며 선포하시되 여호와라 여호와라 자비롭고 은혜롭고 노하기를 더디 하고 인자와 진실이 많은 하나님이라 인자를 천대까지 베풀며 악과 과실과 죄를 용서하리라"(출 34:5~7).[3]

_D. A. 카슨

"'하나님의 아들이 하늘에서 내려오셨다'라는 말은 '하늘이 땅을 위로 끌어올렸다'라는 말로 바꿀 수 있을 법도 합니다. 이로써 하나님은 세상 사람들의 현장, 한계, 수면, 땀 흘림, 도보 여행의 피로, 불안, 고통, 의심 그리고 죽음을 친히 체험하셨습니다. 순수한 빛이 땅 위를 거니셨습니다. 어둠이 주님의 가슴 속으로 삼켜졌습니다. 창조주의 빛이 아니라면 어디서 어둠이 삼켜질 수 있겠습니까?"[4]

_C. S. 루이스

심화 주석 요한복음 서문(요 1:1~18)의 전체 맥락을 보면, 14절은 성경에서 가장 중요한 구절 중 하나이자 요한복음의 독자들에게 가장 중요한 의미였을 것입니다. 주요 독자는 헬라어를 말하는 유대인, 즉 헬라어로 쓰인 구약성경(칠십인역)을 읽는 이들이었는데, 하나님이 우리와 함께 거하신다(헬라어로 '스케누')는 사실은 성전이 지어지기 전에 하나님이 이스라엘을 만나시던 성막을 가리키는 단어, 곧 '스케네'를 떠올리게 합니다. 성막이 이스라엘과 함께하시는 하나님의 영원한 임재의 중심이었던 것처럼, 예수님은 자기 백성과 함께하시는 하나님의 영원한 임재의 새로운 중심이었습니다. 따라서 성막으로 한정되었던 하나님의 영광이 이제는 예수님 안에서 나타납니다(요 1:14하).[5]

_마이클 프리스트
Biblical Illustrator

요한은 "말씀"으로 번역되는 헬라어 '로고스'로 예수님을 묘사합니다. "이 말씀이 하나님과 함께 계셨으니 이 말씀은 곧 하나님이시니라"(요 1:1)라고 말함으로써, 예수님이 영원한 하나님이시며 본질적인 하나님이시고, 하나님과 동등한 분이시라는 중요한 사실을 주장합니다. 그런데 여기서 우리는 훨씬 더 놀라운 사실에 맞닥뜨립니다. 요한복음 1장 14절에는 하나님의 말씀이 "육신"이 되었다고 합니다. 주님이 사람이 되신 것입니다.

요한은 모든 증거를 내보이며 하나님이 이 세상에 들어오신 사건이 단순한 '통과 의례'가 아니었음을 분명히 전해 주었습니다. 하나님은 이곳에 살려고 오셨습니다. 그래서 우리 가운데 거하셨습니다(요 1:14). 이것은 구약의 지성소를 떠올리게 합니다. 지성소는 하나님이 자기 백성 가운데 거하고자 하시는 열망을 상징하는 곳이자 죄인들을 만나시는 곳이었습니다.

Q '방문'과 '거주'의 차이는 무엇입니까?

Q 하나님이 이 세상을 거주하는 집으로 선택하신 일이 왜 중요합니까?

> Leader 또한 요한은 자신과 제자들이 "은혜와 진리가 충만한 아버지의 독생자의 영광"(요 1:14)을 봤다고 말합니다. 이 구절은 예수님의 독특한 속성을 나타냅니다. 그분은 성부 하나님의 독생자로서 은혜와 진리가 충만하십니다. 간단히 말해서 예수님은 유일한 분이시라는 뜻입니다.

그리스도인으로서 우리는 힘을 다해 그리스도의 유일성을 옹호하고, 어떤 유명 인사나 역사적인 인물이나 정치적인 인물도 구세주와는 비교할 수 없다는 사실을 세상에 알려야 합니다. 예수님만이 참하나님이시며 참사람이십니다. 충만한 은혜와 진리를 소유하신 것은 말할 것도 없습니다. 이런 분은 세상 어디에도 없습니다.

> Leader 오늘날의 문화 환경에서 예수 그리스도의 증인이 된다는 것은 특권인 동시에 도전을 의미합니다. 특권이라 함은 15절에서 언급된 세례 요한을 비롯해 우리보다 앞서 살았던 믿음의 조상들과 같은 목소리를 내는 것입니다. 도전이라 함은 우리가 자신이 아닌 그리스도를 증거하는 증인임을 알고, 예수님의 말씀에 적대적인 문화에서 예수 그리스도를 증거하는 것입니다.

세례 요한은 증인의 본보기입니다. 그는 자신이 예수님의 영광을 가로챌 만한 인물이 아님을 알았습니다. 그가 보여 준 믿음은 깊은 겸손을 나타냅니다. 그는 화제의 중심에 있었고, 많은 무리가 그의 가르침을 듣고 요단강에서 세례를 받고자 찾아왔습니다. 사역의 정점에서 세례 요한은 대중을 의식하는 사람이라면 꺼릴 만한 행동을 합니다. 곧 자신이 물러나리라는 것을 발표하며 사람들의 시선을 다른 이에게로 돌린 것입니다. 실제로 요한은 자신이 이끌었던 운동의 방향을 바꾸었습니다. 그는 예수님이 영광받으시기를 원했습니다.

마찬가지로 우리도 우리를 따르는 사람들, 우리의 영향력 아래 있는 사람들로 하여금 예수님을 본받도록 권해야 합니다(고전 11:1). 하나님의 모든 '충만'이 그리스도 안에만 있습니다(골 1:19).

Q 사람들이 우리가 아닌 그리스도를 바라보도록 격려하려면 어떻게 해야 합니까?

2. 성탄의 영광은 우리에게 은혜와 진리를 주시는 하나님의 영광입니다(요 1:16~17)

예수님의 성육신을 인정하면 얻게 될 유익은 무엇입니까? 요한은 다음 구절에서 그 답을 줍니다. 바로 "은혜 위에 은혜"입니다.

16 우리가 다 그의 충만한 데서 받으니 은혜 위에 은혜러라 17 율법은 모세로 말미암아 주어진 것이요 은혜와 진리는 예수 그리스도로 말미암아 온 것이라

사도 바울도 이 진리를 골로새서에 기록했습니다.

"그 안에는 신성의 모든 충만이 육체로 거하시고 너희도 그 안에서 충만하여졌으니 그는 모든 통치자와 권세의 머리시라"(골 2:9~10).

두 사도가 우리에게 주는 가르침은 이것입니다. 예수님의 성육신을 진실로 믿음으로써 우리는 하나님의 가족이 되었을 뿐만 아니라, 우리가 믿고 설교하는 복음에 합당한 삶을 살아가는 데 필요한 모든 영적 필요를 충족했다는 것입니다.

Q **복음에 합당한 삶을 살아가는 데 필요한 것들은 무엇입니까? 예수님의 신성은 우리의 필요를 어떻게 채워 주십니까?**

하나님은 성육신하시어 이 땅에 "거하셨습니다." 하나님은 우리를 구

심화 주석 "은혜와 진리가 충만"(요 1:14)하신 하나님이 무한히 풍성한 그분의 충만을 자기 백성에게 "은혜 위에 은혜"(16절)로 나누어 주셨습니다. 이 구절은 종종 끊이지 않는 '은혜의 선물', 즉 "은혜에 은혜를 더하여"(NIV)로 해석됩니다. 우리는 평생 '은혜를 대신한 은혜'를 끊임없이 받고 있는데, 그리스도의 은혜는 어떤 상황에서도 적절하고 요긴합니다. 이는 신약의 다른 구절에서도 나타나는 위대한 진리로서(참조, 고후 12:9), '어떤 것을 다른 것으로 대체한다'는 뜻을 넘어서는 '도리어'로 옮길 수 있습니다. 즉 이 구절은 그리스도 안에서 은혜로 인한 하나님의 임재가 '옛 언약'을 계시하는 은혜를 대신한다고 봅니다. 따라서 우리는 모세로 말미암아 주어진 율법이 그리스도로 말미암아 온 '은혜와 진리'에 맞서는 것으로 설정된 17절을 이와 같이 해석할 수 있습니다. 물론 구약의 계시가 배제되거나 율법이 폐지되어야 한다는 뜻이 아닙니다. 오히려 예수 그리스도 안에서 율법이 온전히 성취되었음을 뜻합니다. 이것이 바로 요한이 요한복음에서 구약성경을 일관되게 이해하는 방식입니다. 이 해석은 또한 자신을 그리스도를 대신하는 인물로 이해했던 세례 요한의 외침(15절)이기도 합니다.[6]

_브루스 밀른

심화 주석 "은혜와 진리"(요 1:17)는 떼려야 뗄 수 없는, 어울리는 한 쌍입니다. 어느 하나만 따로 떼 놓을 수 없습니다. … 그런데 이 시대에는 예수 그리스도로 말미암은 은혜를 받았음에만 만족하는 사람들이 있습니다. 그리하여 진리의 개입 없이도 구원이 가능한 것처럼 여기는 사람들이 많습니다. 그러나 그럴 수 없습니다. 진리를 거부하면 은혜도 거부하는 것이기 때문입니다.[7]

_아더 핑크

"우리 주 예수 그리스도는 완전한 신성과 완전한 인성을 한꺼번에 가지셨으니 참하나님이요 참사람이십니다. … 신성으로는 성부 하나님과 본질상 하나이시며 동시에 인성으로는 죄를 제외한 모든 면에서 우리와 같아지셨습니다. 신성으로는 모든 세대에 앞서 성부에게서 나셨고, 인성으로는 (여자에게서) 나셨으니, 두 본성은 섞이지도, 바뀌지도, 나뉘지도, 갈리지도 않습니다. … 오히려 각 본성의 특징이 보존되면서도 하나로 결합되십니다.

_칼케돈 공의회

원하심으로써 우리 심령 가운데 거하십니다(롬 5:5; 8:9~13; 엡 1:13~14). 그리하여 우리가 자기 육신의 소욕을 거절하고, 하나님을 기쁘시게 하는 데 나설 수 있도록 힘주십니다. 하지만 우리는 구속받지 못한 육신으로 살면서(롬 7:7~25) 여전히 죄를 저지릅니다. 그리하여 성령 하나님이 우리 가운데 거하시며 우리를 책망하시고, 우리로 하여금 그리스도의 십자가로 나아가 죄를 고백하고 회개하여 죄 사함을 받도록 인도하십니다(요일 1:8~10).

구원은 성육신의 은혜가 확장된 것입니다. 하나님은 우리에게 은혜 위에 은혜를 계속해서 더해 주고 계십니다. 즉 우리는 주님이 주시는 은혜보다 더 많은 죄를 지을 수 없다는 뜻입니다. 하나님의 은혜를 온전히 이해한다면, 죄 사함을 죄지음의 핑계로(롬 6장) 여기지 않습니다. 오히려 우리를 이끄시며 깊은 사랑을 부어 주시는 사랑의 아버지께서 열어 두신 기회로 여길 것입니다.

하나님이 우리에게 이렇게 하시는 까닭은 우리가 더 이상 모세의 율법 아래 있지 않기 때문입니다. 그 대신에 우리는 예수 그리스도를 통해 은혜와 진리를 경험합니다. 율법은 하나님의 온전하신 기준을 보여 주는 데 필요했습니다. 하나님은 완전하시므로, 그 온전하심의 기준을 누군가를 위해 낮추실 수 없습니다. 그분의 순전하신 요구는 온전히 충족되어야만 합니다. 율법의 진리는 레위기에서 찾아볼 수 있는데, 하나님은 이렇게 말씀하십니다.

"나는 여호와 너희의 하나님이라 내가 거룩하니 너희도 몸을 구별하여 거룩하게 하고…"(레 11:44).

성자 예수님은 성육신을 통해 타락한 세상에 들어오셔서 자신을 모세의 율법 아래 두셨습니다(갈 4:4~5). 그분이 이렇게 하신 것은 하나님이 인간에게 요구하시는 바를 충족시키기 위함이었습니다. 주님의 온전하신 삶은 십자가에서 죄인들을 위해 대속하여 치르신 값이었습니다(막 10:45). 예수님은 무덤에서 직접적이고 실제적이며 가시적으로 육신의 부활을 보여 주심으로써 하나님이 대속의 값을 받으셨음을 입증하셨습니다(롬 4:24~25).

이제 믿음으로 그분의 사역을 받아들이는 이들에게 하나님이 의롭다 함을 주시고(롬 5:1~5), 우리 죄의 목록은 예수님의 피로 영원히 깨끗하게 씻겼습니다(엡 1:7). 하나님은 우리를 영원한 '무죄'로 인정해 주십니다.

Q 그리스도의 은혜와 진리를 따라 사는 것이 어떻게 하나님의 역사를 증거하는

데 도움이 됩니까?

> Leader 아마도 가족이나 친구들에게서 받을 수 있는 가장 큰 성탄절 선물은 자신이 저지른 잘못을 용서받는 일일 것입니다. 저는 이 사실을 경험을 통해 알게 됐습니다. 1995년 성탄절에 우리 부모님은 큰 부담을 안고 중대한 결정을 하셔야 했습니다. 제가 성탄절 며칠 전에 부모님의 돈을 훔쳐서 가출한 뒤 12월 25일이 훌쩍 지날 때까지 아무런 연락을 하지 않았기 때문입니다. 부모님은 제 친구들에게서 저의 행방을 알아내시고는 경찰을 보내 저를 체포하게 하셨습니다. 두어 시간 만에 저는 구치소에 갇히는 신세가 됐습니다. 얼마간 시간이 지난 뒤 경찰관은 문 앞에 서서 경멸하는 표정을 지은 채 제게 집에 가도 좋다고 말해 주었습니다. 당혹스러운 일이었고, 누가 저를 석방시키러 와 주었는지 궁금했습니다. 놀랍게도 아버지와 형이었습니다. 저는 기소되지 않았습니다. 경관은 저의 전과 기록지를 제출하지 않고 찢어 버렸습니다. 부모님이 고소를 취하하는 은혜를 베푸신 것입니다. 이 사건으로 저는 저의 삶의 방향을 재고하게 되었습니다. 이것은 3개월 만에 하나님이 저를 새롭게 하신 일련의 사건의 발단이 되었습니다. 성육신에 관한 목사님의 설교를 들었던 그날 밤에 저는 구치소에서의 짧은 경험을 되돌아보게 되었고, 육체적으로는 갇히지 않았지만 영적으로 죽은데다가 죄의 종이 되어 갇힌 상태였음을 깨닫게 되었습니다(요 8:34).

심화 주석 삼위일체의 영원한 교제라는 특별한 관계의 측면에서 말씀은 하나님과 함께 계셨습니다.(요 1:1) '함께'란 그리스어 '프로스'를 옮긴 것으로, 여기서는 '~와 함께'로 번역됩니다(참조, 요 1:2; 살전 3:4; 요일 1:2). 요한은 "이 말씀은 곧 하나님이시니라"(1절)라고 덧붙입니다. 여호와의 증인은 '말씀이 곧 하나님이라'라고 번역했습니다. 이것은 맞지도 않거니와 논리적으로도 다신론에 해당합니다. 어떤 사람들은 '말씀이 하나님이었느니라'로 옮기기도 합니다. 그러나 이 번역은 모호하며 예수님에 관해 잘못된 시각을 갖게 할 수 있습니다. 이 구절을 제대로 이해한다면, 삼위일체 교리를 규정하는 데 도움이 될 것입니다. 즉 말씀은 영원하시며, 하나님(성부)과의 관계 안에 계시니 말씀은 곧 하나님이십니다.[8]

_에드윈 A. 블룸

3. 성탄의 영광은 우리에게 하나님을 나타내 보이신 예수님의 영광입니다(요 1:18)

> Leader 요한은 말씀이 육신이 되어 우리 가운데 거하셨으며, 은혜와 진리로 충만하셨다고 말합니다. 그런데 이 놀라운 성육신의 결과는 무엇이었습니까? 18절 말씀을 보십시오.

18본래 하나님을 본 사람이 없으되 아버지 품속에 있는 독생하신 하나님이 나타내셨느니라

> Leader 출애굽기 33장 20절에서 하나님은 하나님의 얼굴을 보고 살 자가 없다고 말씀하셨습니다. 그런데 그 이야기를 따라가다 보면, 모세가 하나님을 어렴풋이나마 보게 된 것을 알 수 있습니다. 브루스는 이것을 "하나님 영광의 여운"이라고 묘사

핵심교리
99

46. 예수님의 신성

예수 그리스도의 위격 안에는 두 가지 본성, 즉 신성과 인성이 있습니다. 성경은 예수 그리스도께서 온전한 하나님이시며 온전한 사람이시라고 가르칩니다. 예수님의 신성은 그분을 하나님과 동등하신 분으로 묘사하는 성경 구절들에 드러나 있습니다(요 1:1~18; 빌 2:5~11; 골 1:15~20; 히 1:1~3). 신약성경은 하나님의 고유한 속성들을 예수님도 가지고 계심을 보여 주고(미 5:2; 요 1:4), 하나님만이 행하시는 일들을 예수님도 행하심을 보여 주며(막 2:5~12; 요 10:28; 17:2), 예수님이 스스로 하나님의 아들임을 말씀하신 것을 보여 줌으로써(마 26:63~64; 요 8:58; 10:30; 17:5) 예수님의 신성을 말해 주고 있습니다.

했습니다.[9]

요한은 18절에서 두 가지 중요한 진리를 강조합니다. 성부 하나님과 성자 예수님 사이에 아주 특별한 관계가 있으며, 그 특별한 관계 덕분에 예수님이 하나님 아버지를 인간에게 계시하실 수 있다는 것입니다. 다시 말해 우리는 예수님을 통해 하나님을 볼 수 있습니다.

Q 모든 종교의 성인은 우리를 하나님께로 인도한다는 주장에 대해 어떻게 생각하십니까?

Q 예수님이 스스로에 대해 밝히신 말씀은 이런 주장과 어떻게 다릅니까?

예수님과 성부 하나님의 특별한 관계를 살펴봅시다. "독생하신"(요 1:18)으로 번역된 헬라어 단어는 '유례를 찾기 힘든, 독특한'이란 뜻입니다. 성부 하나님과 성자 예수님의 관계는 하나님이 다른 인간과 맺으신 어떤 관계와도 다릅니다.

> Leader

이 관계의 본질을 요한복음의 첫 구절은 이렇게 규정합니다. "태초에 말씀이 계시니라 이 말씀이 하나님과 함께 계셨으니 이 말씀은 곧 하나님이시니라"(요 1:1). 보이스가 말한 대로, "예수님은 태초부터 존재하셨으며, 태초에 하나님과 함께 계셨던 하나님이십니다. 다시 말해 요한복음의 첫 구절은 그리스도의 신성에 관한 완전한 진술을 담고 있습니다."[10]

성부와 성자의 독특한 관계는 (성령 하나님과 더불어) 두 분이 동등한 하나님이시라는 사실로 요약됩니다(참조, 행 5:3~5; 고전 2:10~11; 고후 3:18). 그 덕분에 예수 그리스도께서 성부 하나님을 인류에게 보여 주실 수 있습니다. 성육신을 통해 하나님은 예수님의 행하심으로 자신의 역사를 보여 주셨습니다. 요한복음 5장 16~23절에서 예수님은 아버지께서 일하시기 때문에 자신도 일할 뿐이라고 주장하셨습니다.

이 말씀을 들은 유대인들이 격노했습니다. 은근히 신성을 주장하는 것으로 들렸기 때문입니다. 그러자 예수님은 인류의 심판과 관련해 자신과 아버지의 차이점을 설명해 주셨습니다. 예수님은 성육신하신 이래로 자신이 창조하셨던 사람들로부터 거절당하셨습니다. 왜냐하면 그들은 빛보다 어둠을 더 사랑했기 때문입니다(요 3:19~21). 그래서 주님은 하나님 아버지로부터 인류를 심판할 권한을 위임받으셨습니다(요 5:22~30). 그러므로 인류는 예수님께 어떻게 반응하느냐에 따라 심판을 받을 것입니다.

이 사실을 아는 믿는 사람들은 하나님을 찾으려고 하는 사람들과 성육신의 진리를 나누는 것을 자기 일로 삼아야 합니다. 제자 빌립이 예수님께 하나님 아버지를 보여 달라고 요청하자(요 14:8), 예수님은 자신을 보는 것이 곧 아버지를 보는 것이라고 대답하셨습니다. 이제 그리스도의 몸 된 교회는 하나님이 우리에게 허락하신 공동체 속으로 들어가 성육신하신 그리스도의 인격과 사역을 증거해야 합니다. 또한 교회는 우리 삶에서 지금 역사하시는 주님을 증거할 수 있어야 합니다.

우리 이웃들에게 하나님이 그들을 잊지 않으셨음을 보여 주는 가장 좋은 방법은 그들과 함께하는 것입니다. 그들 가운데 "거하십시오." 성육신의 원리는 그들과 함께하며 그들을 감내하는 사랑입니다. 즉 인내함으로 그리스도의 사랑을 보여 주는 것입니다. 우리는 하나님의 지속적인 사역이 우리 삶 가운데 이뤄지기를 기대해야 합니다. 그뿐만 아니라 구세주가 우리 주변 사람들의 삶에도 똑같은 일을 하실 수 있기를 고대해야 합니다.

> *"예수님은 성육신하심으로써 성부 하나님을 누구보다도 더욱 분명하고 완전하게 최종적으로 계시하셨습니다(요 1:14, 18; 12:45. 참조, 히 1:1~2). … 하나님은 예수님과 똑같으십니다. 제자들은 예수님을 오래 만났던 터라 통찰력이 더 깊어졌을 것입니다. 그래도 그 통찰력은 오직 하나님이 주신 은혜로운 깨달음의 산물입니다(참조, 마 16:17; 고전 2:6~16)."[11]*
> _토머스 컨스터블

Q 하나님이 어떤 분이신지에 대한 우리의 생각과 기대를 예수님은 어떻게 완성하셨나요? 또 어떤 영향을 끼치셨나요?

결론

구원의 징표 중 하나는 다른 이들에게 나아가 하나님의 은혜의 복음을 증거하려는 열망입니다. 그것이 바로 제게 일어난 일이기도 합니다. 하지만 유감스럽게도 제가 동네 사람들에게 복음을 전하려 할 때 맞닥뜨린 것은 냉소주의였습니다. 사람들은 삶에서 얻은 마음의 상처 때문에 하나님이 무심하시다거나 자기와 함께하지 않으신다고 말하곤 했습니다.

여러분도 복음을 전할 때 이 같은 반응에 부딪혀 봤을 것입니다. 그들은 "내 인생은 너무 엉망이라 하나님도 손대실 수 없을 거예요"라거나, "하나님은 나와 이 세상에 별 관심이 없으신 걸요"라고 말합니다. 그러나 예수 그리스도의 성육신에서 영감을 얻어 하나님이 우리를 돌보시고 우리의 사건 가운데 개입하신다는 사실을 다른 이들에게 증거할 수 있기를 바랍니다. 우리는 저 멀리 떨어져 있는 신을 경배하는 게 아닙니다. 이 세상 가운데 들어오시어 죽음과 부활을 통해 구원을 가져오신 구세주를 경배합니다.

그리스도와의 연결
율법은 모세를 통해 주어졌지만, 은혜와 진리는 우리에게 하나님을 보여 주신 예수 그리스도를 통해 임했습니다.

하나님의 계획 우리의 사명

선교적 적용 하나님은 우리에게 그리스도를 대신해 하나님의 영광을 증거하라고 말씀하십니다.

1. 우리를 위해 우리 가운데 거하시려고 자기 아들로 하여금 성육신하게 하신 하나님께 감사의 기도문을 써 보십시오.
2. 어떻게 하면 가정이나 일터에서 복음의 은혜와 진리를 따라 살 수 있습니까?
3. 사람들은 하나님에 관해 어떻게 생각합니까? 어떻게 하면 예수님을 증거하면서 사람들의 생각을 바로잡거나 확증할 수 있습니까?

금주의 성경 쓰기
요 1:14~18;
빌 2:5~11

Summary and Goal

예수님은 하늘의 지위를 포기하시고, 십자가에서 죽으시기까지 자기를 낮추셨으며, 죽은 자 가운데서 부활하심으로써 죽음을 이기셨습니다. 우리를 구원하기 위해 스스로 낮아지신 예수님은 모든 찬양과 영광을 받기에 합당하십니다. 그러므로 우리는 예수님의 마음을 품고, 특권을 포기하며 겸손히 주님을 섬겨야 합니다.

예수님이 승리하시다

4

- **성경 본문**
  빌립보서 2:5~11

- **세션 포인트**
  1. 예수님은 자기 지위를 포기하심으로써 승리하셨습니다(빌 2:5~7)
  2. 예수님은 십자가에서 자신을 낮추심으로써 승리하셨습니다(빌 2:8)
  3. 예수님은 부활하시어 모든 찬양과 영광을 받으심으로써 승리하셨습니다(빌 2:9~11)

- **신학적 주제**
  예수님이 죽음에 매여 있지 않으셨다는 사실은 예수님이 하나님의 원수로부터 완전한 승리를 거두셨음을 나타냅니다.

- **그리스도와의 연결**
  하나님의 아들은 우리를 구원하기 위해 인성을 취하셨고, 우리 죄를 위해 십자가에서 죽기까지 자신을 낮추셨으며, 다시 살아나셔서 모든 찬양과 영광을 받으셨습니다.

- **선교적 적용**
  하나님은 우리에게 이 땅에서의 권리를 포기하고 겸비하여 하나님께 순종함으로써 모든 찬양과 영광을 받으신 예수님과 같은 마음을 품으라고 명하십니다.

Session Plan

도입

궤적의 개념을 알아보고, 빌립보서 2장이 성경 이야기의 궤적을 어떻게 담고 있는지를 들려주며 세션을 시작해 주십시오.

성경에서 굴욕과 패배를 당했으나 결국 높임을 받고 승리하게 된 이야기에는 어떤 것들이 있습니까?

우리 문화에서 비천한 인물이 끝내 승리하는 이야기에는 어떤 것들이 있습니까?

본문의 배경을 살펴보고, 예수님의 부활을 주제로 한 이 세션의 내용을 요약해 주십시오.

전개

1 예수님은 자기 지위를 포기하심으로써 승리하셨습니다 (빌 2:5~7)

빌립보서 2장 5~7절을 읽으십시오. 자신이 하나님이심에도 불구하고 아버지의 뜻에 순복하신 그리스도의 겸손을 강조하십시오.

다른 사람을 위해 자신의 특권을 포기해 본 적이 있습니까? 그 희생의 결과는 무엇이었습니까?

아기는 성장하면서 모습이 변해 가지만 인간이라는 본질은 변하지 않는다는 윌리엄 바클레이의 비유를 들려주십시오. 이처럼 그리스도는 성육신하셨지만 여전히 하나님과 동등하셨다는 점을 설명해 주십시오.

"그리스도의 마음"을 품은 사람들로 가득 찬 교회는 어떤 모습입니까?

반대로 자기 지위를 포기하면서까지 섬기겠다는 생각이 없는 사람들로 가득 찬 교회는 어떤 모습입니까?

2 예수님은 십자가에서 자신을 낮추심으로써 승리하셨습니다 (빌 2:8)

빌립보서 2장 8절을 읽으십시오. 십자가형은 단순히 죄인을 처형하기 위해서만이 아니라 수치심을 주기 위해 내려졌다는 사실을 설명해 주십시오. 피조물인 인간이 성육신하신 창조주를 죽이게 된 역설적인 상황을 지적해 주십시오.

사도 바울은 예수님이 십자가에서 죽으심으로 승리하셨다고 말합니다. 이렇게 수치스러운 일이 어떻게 우리에게 승리를 가져다줍니까?

예수님이 죄인인 우리를 구원하시기 위해 수치를 당하셔야 했던 이유는 무엇이라고 생각합니까?

각자가 겪었던 수치스러운 일과 그 순간의 끔찍한 느낌을 떠올려 보게 하십시오. 예수님은 우리를 향한 사랑 때문에 기꺼이 수치를 당하셨다는 사실을 강조해 주십시오.

어떻게 해서 그리스도께서 수치를 통해 승리하신 사건이 우리가 상처를 주거나 받았을 때 희망이 됩니까?

3 예수님은 부활하시어 모든 찬양과 영광을 받으심으로써 승리하셨습니다 (빌 2:9~11)

빌립보서 2장 9~11절을 읽게 하십시오. 메시아의 겸손이 그 당시 유대인들에게 왜 충격적이었는지를 짚어 주십시오. 자기를 낮추는 사람이 높임을 받는다는 성경의 진리를 강조해 주십시오. 또한 예수님은 최악의 수치를 당하셨으나 지극히 높임을 받으셨다는 사실을 강조해 주십시오.

겸손히 자신을 낮춘 후에야 존귀함을 얻는다는 사실을 안다면 고난 가운데서도 어떻게 하나님을 신뢰하고 순종하게 될까요?

겸손한 모습으로 장사된 그리스도를 묘사해 주십시오. 그리고 주님의 영광스러운 부활이야말로 믿음의 핵심이며, 그리스도께서 자신에 관해 주장하셨던 바를 강력히 뒷받침하는 증거임을 말해 주십시오. 또한 마지막 때에는 모든 사람, 심지어는 그리스도를 미워하던 사람들조차 주님의 주권을 인정하게 되리라고 말해 주십시오.

전 세계에서 핍박받고 있는 그리스도인들의 처지를 생각해 봅시다. 그리스도를 위해 수치와 고통을 당할 때 이 본문 말씀이 어떻게 소망을 줍니까?

빌립보서 2장 5~11절에 나타난 예수 그리스도의 삶의 궤적을 아는 대로 적거나 그려 보십시오.

학습자용 교재의 빈칸에 빌립보서 2장 5~11절에 나타난 예수 그리스도의 삶의 궤적을 아는 대로 쓰거나 그려 볼 시간을 주십시오. 가능하다면, 둘씩 짝지어 서로 기록한 것을 나누게 하십시오.

결론

이제까지 십자가에 달리신 그리스도만큼 낮아진 사람이 없고, 앞으로도 그리스도만큼 최고의 높임을 받을 자도 없다는 점을 확실히 해 주십시오. 각자 자신을 돌아볼 수 있도록 "내가 겸손히 다른 사람을 섬기며, 하나님이 언젠가 나를 높여 주실 날이 오리라고 믿는가"라는 질문을 던지는 것으로 세션을 마무리해 주십시오. 이 세션에서 배운 진리를 '하나님의 계획, 우리의 사명'에 적용해 보십시오.

Session Content

4. 예수님이 승리하시다

"성육신은 하나님의 자유로운 행위이자 의로운 사랑의 표현이었습니다. 그것은 우주의 기초를 세우신 하나님의 사랑을 보여 주는 놀랍고 위대한 결정체였습니다."[1]
_E. Y. 뮬린

"다른 신들은 강했으나 주님은 약하셨습니다. 그들은 말을 타고 왕좌로 나아갔지만, 주님은 비틀거리며 보좌로 나아가셨습니다. 우리 상처는 상처 입은 주님만이 아실 수 있습니다. 상처 입은 다른 신은 없습니다. 오직 주님만이 상처를 입으셨습니다."[2]
_에드워드 실리토

도입

로켓을 달에 쏘아 올리려면 고려할 게 많습니다. 로켓에 연료를 넣는 사람들만 해도 지구의 자전 운동, 대기권을 통과할 때의 공기 밀도, 로켓의 총 무게, 기타 수천 가지의 다른 변수를 고려해야 합니다. 이러한 고려 사항들이 매우 중요한 이유를 한마디로 요약할 수 있는데, 바로 "궤적" 때문입니다.

> Leader 날씨나 연료량이나 로켓의 무게나 모든 것이 목표를 향해 날아가는 로켓의 궤적에 영향을 미칩니다. 지구에서의 작은 차이 때문에 로켓이 달에서 수 킬로미터나 빗나갈 수 있습니다. 로켓 창밖으로 달이 지나가는 모습을 바라보는 심정이 어떨지 상상이나 할 수 있겠습니까? 우주 비행을 해 본 적은 없지만, 달을 지나쳐 버린 비행사의 괴로움이 어떠할지 가히 상상이 됩니다. 궤적이란 이런 것입니다.

성경 전체가 한 구절로 요약될 수는 없지만 빌립보서 2장은 성경 이야기의 궤적을 보여 줍니다. 2장 본문은 시적이고 매력적이며 실제적입니다. 본문에서 묘사된 그리스도께서 수치를 당하시고 높임을 받게 되시기까지의 "궤적"은 곧 우리 삶의 궤적이 되어야 합니다. 궤적이 약간만 벗어나 잘못되어도 목적지에서 수 킬로미터나 빗나갈 수 있기 때문입니다.

Q 성경에서 굴욕과 패배를 당했으나 결국 높임을 받고 승리하게 된 이야기에는 어떤 것들이 있습니까?

Q 우리 문화에서 비천한 인물이 끝내 승리하는 이야기에는 어떤 것들이 있습니까?

> Leader 빌립보서 2장은 서로 섬기라는 권면으로 시작합니다.
"아무 일에든지 다툼이나 허영으로 하지 말고 오직 겸손한 마음으로 각각 자기보다 남을 낫게 여기고 각각 자기 일을 돌볼뿐더러 또한 각각 다른 사람들의 일을

돌보아 나의 기쁨을 충만하게 하라"(빌 2:3~4).

자기 필요보다 타인의 필요를 더 중요하게 여긴다면, 결혼이나 가족이나 직장이 나 교회나 삶의 여러 영역에서 일어나는 모든 관계 문제를 해결할 수 있습니다. 이 아름다운 진리는 그리스도의 인격에서 선명하게 나타납니다.

Session Summary

예수님은 하늘의 지위를 포기하시고, 십자가에서 죽으시기까지 자기를 낮추셨으며, 죽은 자 가운데서 부활하심으로써 죽음을 이기셨습니다. 우리를 구원하기 위해 스스로 낮아지신 예수님은 모든 찬양과 영광을 받기에 합당하십니다. 그러므로 우리는 예수님의 마음을 품고, 특권을 포기하며 겸손히 주님을 섬겨야 합니다.

1. 예수님은 자기 지위를 포기하심으로써 승리하셨습니다

(빌 2:5~7)

얻는 것에 따라 지위를 가늠하는 세상에서, 하나님은 자신을 내어 줌으로써 궁극적인 승리를 얻으신 그리스도를 우리에게 보여 주십니다. 구원 계획을 성취하시기 위해 하나님의 아들이 세상으로 내려오셔야 했습니다.

5너희 안에 이 마음을 품으라 곧 그리스도 예수의 마음이니 6그는 근본 하나님의 본체시나 하나님과 동등됨을 취할 것으로 여기지 아니하시고 7오히려 자기를 비워 종의 형체를 가지사 사람들과 같이 되셨고

6절에서 주목할 만한 신학적인 개념을 엿볼 수 있습니다. 그리스도는 "하나님과 동등됨을 취할 것으로 여기지 아니하시고"라는 것이 무슨 뜻일까요? 이 질문에 관해서는 많은 논쟁이 있었지만, 그 해답은 3절의 실제 적용에서 찾아야 합니다. 즉 "각각 자기보다 남을 낫게 여기고"(빌 2:3)라는 구절로부터 말입니다. 그리스도께서는 이 땅에 오시기 전부터 하나님이셨습니다. 이 땅에서도 여전히 하나님이셨고, 지금도 하나님이십니다. 그러나 이 땅에 계시는 동안에 주님은 하나님으로서 갖는 신성의 면모를 내세우거나 이용하지 않으셨습니다.

심화 주석 "너희 안에 이 마음(가치관. 참조, 2절)을 품으라"(빌 2:5)라는 구절은 교회가 그리스도의 성품을 본받으라는 명령입니다. 이는 예수님이 "하나님과 동등됨을 취할 것으로 여기지 아니하심"(6절; 참조, 3절)으로써 스스로 제한받으셨다는 사실에 있습니다. 6절의 "본체시나"는 예수님의 성육신이 선재하심의 특권을 스스로 포기하심, 곧 자신을 낮추심을 나타냅니다. 헬라어 '모르페'를 번역한 '본체'는 예수님의 완전한 신성을 가리킵니다. '하나님과 동등됨'은 하나님과의 동질성과 인격적으로 구별됨(삼위일체 가운데 두 번째 위격)을 동시에 의미합니다. '취하다'에는 두 가지 의미가 있습니다. '훔치다'를 의미할 수도 있지만, '움켜잡다'(무슨 수를 써서라도 꽉 붙잡다)라는 뜻으로 이해해야 합니다.
"자기를 비워"(7절)는 많은 논란의 대상입니다. 신학자들은 예수님이 무엇을 비우셨을지 숙고하지만, 신성이나 신적 속성을 버리셨을 리는 없습니다. 동사 '비우다'에 두 문장이 뒤따릅니다. 첫째, "종의 형체를 가지사"(7절)입니다. 이는 하나님의 아들이 종이 되셨음을 의미하고, 참다운 섬김을 나타냅니다. 둘째, "사람들과 같이 되셨고"(7절)는 비움과 섬김을 동시에 설명해 줍니다. … 즉 예수님은 "사람의 모양"(8절)으로 이 땅에 오셨지만, 인간 이상의 존재이셨습니다. 그리고 예수님의 겸손은 '복종하심'으로 이루어졌습니다. 하인이나 종은 복종해야 합니다. 예수님은 십자가에서 죽기까지 하나님께 복종하셨습니다.[3]

_리처드 R. 멜릭 Jr.
HCSB Study Bible

"여기에는 어떤 환상이나 속임수도 없었습니다. 하나님의 아들의 어린 시절은 실제였습니다. 생각하면 할수록 더욱 믿기 어려워질 뿐입니다. 성육신 이야기만큼 기막힌 이야기는 없습니다."[5]
_제임스 패커

심화 주석 좀 더 깊이 연구하기 위해 이사야 52~53장의 고난받는 종 이야기와 빌립보서 2장의 놀라운 연관성에 주목해 주십시오.

- 메시아가 높임을 받습니다.
  "보라 내 종이 형통하리니 받들어 높이 들려서 지극히 존귀하게 되리라"(사 52:13).
- 메시아가 수치를 당합니다.
  "그가 곤욕을 당하여 괴로울 때에도 그의 입을 열지 아니하였음이여 마치 도수장으로 끌려가는 어린양과 털 깎는 자 앞에서 잠잠한 양 같이 그의 입을 열지 아니하였도다"(사 53:7).
- 그러나 다시 높임을 받게 됩니다.
  "그러므로 내가 그에게 존귀한 자와 함께 몫을 받게 하며 강한 자와 함께 탈취한 것을 나누게 하리니 이는 그가 자기 영혼을 버려 사망에 이르게 하며 범죄자 중 하나로 헤아림을 받았음이니라 그러나 그가 많은 사람의 죄를 담당하며 범죄자를 위하여 기도하였느니라"(사 53:12).

> Leader

논쟁할 때 상대방의 생각을 실제로 읽을 수 있다고 상상해 보십시오. 자신에게 유리하게 악용할 수도 있을 것입니다. 그리스도께서는 모든 것을 아시는 전지하신 분입니다. 심지어 복음서 기자들은 주님이 사람의 마음을 꿰뚫어 보셨다고 말합니다. 그런데도 전지한 능력을 사용하지 않으셨다는 사실을 우리는 알고 있습니다. 일례로 주님은 재림의 때를 알지 못한다고 말씀하기도 하셨습니다(마 24:36).

더욱이 예수님은 그런 능력을 남용하지도 않으셨습니다. 하나님 아버지의 선하신 뜻을 성취하기 위해서만 자신의 신적 능력을 사용하셨습니다. 사는 동안 매시간, 매 순간을 그렇게 행하셨습니다. 예수님은 일평생 하나님 아버지의 뜻에 기꺼이 복종하며 사셨습니다.

Q 다른 사람을 위해 자신의 특권을 포기해 본 적이 있습니까? 그 희생의 결과는 무엇이었습니까?

하나님이 육신을 입으셨다는 '성육신'의 개념을 설명하기 위해서 윌리엄 바클레이는 아기를 예로 들었습니다. 사람은 아기에서 어린이로, 어린이에서 청소년으로, 청소년에서 성인으로 자라갑니다. 모습은 변해 가지만 인간이라는 본질은 변하지 않습니다.[4] 마찬가지로 예수 그리스도께서는 성육신하여 인성을 취하셨지만, 여전히 하나님과 동등한 분이셨습니다. 하나님이 사람이 되셨습니다.

여기서 사도 바울은 그리스도 예수의 마음을 품으라고 격려합니다. 하나님의 아들은 하나님이시므로 모든 특권을 가지셨으나 우리를 구원하시기 위해 모두 내려놓고 사람이 되셨습니다. 하지만 예수님이 신성을 버리셨다고 생각해서는 안 됩니다. 오히려 사람이 되셔서 낮은 데로 임하신 것입니다. 성자 예수님은 우리를 섬기러 오셨고, 그 섬기심으로 우리가 구원을 얻었습니다.

Q "그리스도의 마음"을 품은 사람들로 가득 찬 교회는 어떤 모습입니까?

Q 반대로 자기 지위를 포기하면서까지 섬기겠다는 생각이 없는 사람들로 가득 찬 교회는 어떤 모습입니까?

2. 예수님은 십자가에서 자신을 낮추심으로써 승리하셨습니다
(빌 2:8)

> Leader
하나님의 아들이 자신을 낮추어 사람이 되셨습니다. 그리고 십자가에서 죽기까지 계속해서 자신을 낮추셨습니다.

[8]사람의 모양으로 나타나사 자기를 낮추시고 죽기까지 복종하셨으니 곧 십자가에 죽으심이라

십자가형은 단순히 죄인을 처형하기 위해서만이 아니라 수치심을 주기 위해 내려졌습니다. 십자가형을 받은 사람은 발가벗겨진 채로 손과 발에 못이 박혀야 했습니다. 예외란 있을 수 없었고, 죽은 자를 위한 존중도 없었습니다. 이러한 공개 처형은 군중에게는 공포감을, 희생자에게는 모욕을 주기 위해 이루어졌습니다.

> Leader
로마제국이 예루살렘을 점령하는 동안에 유대인이 3만 명 이상 십자가형에 처해졌던 것으로 추정됩니다. 사람들이 가장 많이 모이는 곳에서 공개적으로 처형되었으며, 종종 하루 넘게 전시되기도 했습니다. 수치심으로 괴로워하며 천천히 죽어 가게 하려는 것이었습니다. 십자가형은 수치스러울 뿐만 아니라 인종차별적이며 국수주의적인 형벌이었습니다. 로마인은 유대인을 처형할 때 종종 십자가형을 사용했습니다.

이 역설적인 상황에 관해 잠시 생각해 보십시오. 그리스도께서는 자신이 지으신 피조물로부터 죽임을 당하셨습니다. 예수님이 자신의 손에 못을 박고 있는 군인의 눈을 들여다보셨습니다. 그분은 그를 창조한 분이시기에 그의 이름을 아셨습니다. 그에게 가장 필요한 것은 바로 용서라는 사실도 아셨습니다. 그래서 하나님과 사람 사이에 벌거벗겨진 채 수치스러운 모습으로 십자가에 매달리셨을 때도, 예수님은 자기를 매단 사람들을 위해 기도하셨습니다(눅 23:34). 역설적이게도 그들이 성자 예수님을 처형함으로써 하나님의 계획이 이루어졌지만(행 2:23), 그들은 자신이 무슨 짓을 하는지 결코 알지 못했습니다.

> Leader
성자 예수님을 통해 만물이 창조되었습니다(골 1:16). 그런데 그분은 자신이 생명을 준 나무 위에 매달리셨습니다. 그분이 창조하신 사람들이 그분의 육신을 갈기갈기 찢어 버렸습니다.

이처럼 생생한 장면에서, 우리는 생명의 창조주요 모든 권세를 지니

심화 주석 예수 그리스도께서는 누구도 하지 못할 일을 하셨습니다. 그분은 스스로 자신을 낮추셨습니다. 빌립보서 2장 6~8절의 핵심을 이루는 이 내용은 이사야 53장, 특히 7~9절에서 그 기원을 찾아야 합니다. 이 구절에서 순순히 자신을 바치는 희생 제물을 구약성경에서 처음 만나게 되기 때문입니다. 오랜 세월 드려진 동물 제사를 통해 주님은 죄와 죄책이 죄인의 머리에서 무죄한 자의 머리로 전가될 수 있음을 깨닫게 하셨습니다.
죄인이 희생 제물을 제단 앞에 데려와 그 머리에 안수할 때마다, 그 교훈은 분명했습니다. '이 제물이 나 대신 섰으니, 내 죄를 대신 감당할 것입니다.' 하지만 그 대속물은 불완전했습니다. 왜냐하면 영문도 모른 채 바쳐지는 희생 제물은 죄의 핵심이라고 할 수 있는 의지를 대신 나타낼 수 없었기 때문입니다. 이사야는 완전한 인간만이 완전한 대속물이 될 수 있으며, 이 완전한 존재만이 하나님의 뜻을 기꺼이 이루려는 의지를 품을 것이라고 내다봤습니다. 이것이 바로 '그리스도의 마음'입니다. 그분은 자기 자신과 하나님 아버지와 우리를 바라보셨으며, 죄인들을 위해 자신을 내어 주시는 일에 있어 아무것도 주저하지 않으셨습니다.[6]

_J. A. 모티어

"예수님은 주인의 명령을 받은 종처럼 자신을 낮추신 것이 아닙니다. 오히려 우리의 구원을 위해 기꺼이 낮아지신 것입니다. 즉 종이 아닌 아들로서 순종하셨습니다."[7]
_ 키루스의 테오도레투스

신 분이 어떻게 피조물의 권세에 복종하셨을 뿐만 아니라 자신을 죽일 권세 또한 그들에게 주셨는지를 보게 됩니다. 이것은 엄청난 수치입니다. 과연 누가 십자가에 달리신 예수님보다 더한 수치를 받을 수 있을까요?

Q 사도 바울은 예수님이 십자가에서 죽으심으로 승리하셨다고 말합니다. 이렇게 수치스러운 일이 어떻게 우리에게 승리를 가져다줍니까?

Q 예수님이 죄인인 우리를 구원하시기 위해 수치를 당하셔야 했던 이유는 무엇이라고 생각합니까?

수치를 당해 본 적이 있다면, 그 끔찍한 느낌을 알 것입니다. 믿었던 사람으로부터 배신을 당했을 수도 있고, 사랑하는 사람에게 이용당했을 수도 있습니다. 어떤 상처는 너무 깊어서 도저히 극복하기 어려운 경우도 있습니다.

예수님이 당하신 수치가 두드러져 보이는 것은 주님이 그 수모를 기꺼이 받아들이셨다는 사실 때문입니다. 주님은 제자들이 자신을 배신할 것을 아셨는데도 그들을 믿어 주셨습니다. 자신을 고문하는 사람들까지 사랑하셨습니다. 어떤 수치건 끔찍하지만, 하나님이 우리를 구원하시기 위해 기꺼이 수치를 당하셨다는 사실은 상상만 해도 충격적입니다. 우리를 향한 예수님의 사랑을 이보다 더 잘 증명해 주는 것은 없습니다.

하늘의 완전함을 떠나셨을 때, 하나님의 아들은 자신의 특권을 사용하는 것보다 십자가에서 수치를 받음으로써 하나님의 계획을 이루는 것을 더욱 중요하게 여기셨습니다. 다시 말하지만, 그 정도의 수치를 당한 사람은 아무도 없습니다. 그러나 이 수치 또한 주님이 거두신 승리의 일부였습니다.

Q 어떻게 해서 그리스도께서 수치를 통해 승리하신 사건이 우리가 상처를 주거나 받았을 때 희망이 됩니다까?

3. 예수님은 부활하시어 모든 찬양과 영광을 받으심으로써 승리하셨습니다(빌 2:9~11)

> Leader

지극히 낮아지고 나서야 지극히 높임을 받습니다. 이 순서를 아는 것이 중요합니다. 그리스도께서 얼마나 낮아지셨는지를 이해하지 못한다면 그분이 얼마나 높임을 받으셨는지도 이해할 수 없습니다.

[9]이러므로 하나님이 그를 지극히 높여 모든 이름 위에 뛰어난 이름을 주사 [10]하늘에 있는 자들과 땅에 있는 자들과 땅 아래에 있는 자들로 모든 무릎을 예수의 이름에 꿇게 하시고 [11]모든 입으로 예수 그리스도를 주라 시인하여 하나님 아버지께 영광을 돌리게 하셨느니라

"이러므로 하나님이 그를 지극히 높여"(9절)라는 구절에 주목하십시오. 바울은 하나님이 그리스도를 높이시는 계기가 바로 십자가에서의 죽음이었음을 우리에게 알리고자 했습니다. 그리스도께서는 누구보다도 낮아지셨습니다. 그러므로 하나님이 틀림없이 예수 그리스도를 누구보다도 높이실 것입니다. 하나님은 바닥까지 낮추신 후에야 하늘 끝까지 높이십니다.

> Leader

이 같은 사고는 당시 유대인들에게 충격이었습니다. "그리스도"는 '메시아' 또는 '기름 부음 받은 자'를 뜻하는 헬라어 '크리스토스'에서 유래했습니다. 이스라엘을 모든 어려움에서 구원하기 위해 오시리라고 예언된 바로 그분입니다. 다윗처럼 그분도 이스라엘의 대적들을 완전히 제압하는 용맹스러운 왕 같은 구세주이실 것입니다. 나사렛 예수가 메시아가 아니라고 생각한 이유는 이 때문이었습니다. 메시아라면 로마인들을 죽였을 것이지 죽임을 당할 리 없었을 것이기 때문입니다.

하나님이 자기를 낮추는 사람을 오히려 높이신다는 진리의 말씀은 성경 곳곳에 나옵니다.

> Leader

"주 앞에서 낮추라 그리하면 주께서 너희를 높이시리라"(약 4:10).
"그러므로 하나님의 능하신 손 아래에서 겸손하라 때가 되면 너희를 높이시리라"(벧전 5:6).
"누구든지 자기를 높이는 자는 낮아지고 누구든지 자기를 낮추는 자는 높아지리라"(마 23:12).

그러나 빌립보서 2장이 보여 주는 것은 단순히 자신을 낮추는 장면이 아닙니다. 지극히 낮아지는 모습을 보여 줍니다. 또한 단순히 높아지는 것이 아니라 지극히 높아지는 장면입니다. 장차 그리스도께서 정말로 높임을 받으실 것입니다. 그리스도께서는 문자 그대로 수치를 당하셨지만 그야

심화 주석 "모든 입으로 예수 그리스도를 주라 시인"(빌 2:11)하게 되리라는 기대는 모든 피조물이 예수 그리스도가 주님이심을 기꺼이 찬양하며 감사하리라는 것을 의미하지 않습니다. '시인하다'란 단순히 '공개적으로 인정하며 선포하다'라는 뜻입니다. 이사야 45장의 "모든 혀가 맹세하리라"(23절)에는 "그에게 노하는 자는 부끄러움을 당하리라"(24절)라는 것도 포함됩니다. '모든 입으로 예수 그리스도를 주라 시인하리라'는 것은 온 세상이 교회에서 만든 신앙고백에 동참하게 된다는 뜻이 아닙니다. '하나님이 예수님을 넘보지 못할 권세의 보좌에 앉히셨기에 이분이야말로 우주의 정당한 주인이심을 공개적으로 돌이킬 수 없게 인정한다'라는 뜻입니다.
그러므로 '모든 입으로 예수 그리스도를 주로 시인한다'는 내용의 찬송가가 그리는 그림은 예수님을 경배하는 보편 교회의 그림이 아닙니다. 그보다는 천하 만물이 예수 그리스도를 주로 시인하는 더 큰 그림인 것입니다. 이 찬송은 십자가에 못 박히시고 높임을 받으신 예수님이 온 피조물로부터 만유의 주인으로 인정받으실 것이라는 그리스도인들의 믿음을 표현함으로써 예수님을 경배하도록 이끕니다. 교회가 예수님을 주님으로 예배할 때, 교회는 이 찬송을 통해 모든 피조물이 예수님의 주권을 널리 인정하는 모습을 미리 보여주는 셈입니다.[8]

_G. 월터 핸슨

심화 주석 "지극히 높여"(빌 2:9)는 헬라어 '휘페립소스'를 번역한 것인데, '너머'를 뜻하는 '휘페르'와 '뛰어난' 또는 '위대한'이라는 뜻의 '휩소스'가 결합된 단어입니다. 즉 가장 높은 곳까지 높여지는 것을 뜻합니다.

핵심교리 **99**

54. 그리스도의 높아지심

그리스도의 죽음이 낮아지심의 궁극적인 예였다면, 그리스도의 부활은 높아지심의 첫째가는 영광스러운 예입니다. 하나님은 그리스도를 죽은 자 가운데서 살리시고, 아버지의 우편으로 올라오게 하심으로써 그분을 높여 주셨습니다. 그리스도께서 다시 오실 때, 모든 피조물이 그분을 높일 것입니다. 이 모든 것이 합쳐져서 그리스도의 영광과 존귀를 더 크게 할 것이며, 죄인들을 구하신 그리스도의 은혜의 영광을 찬양하게 될 것입니다.

말로 공공연히 높임을 받으실 것입니다(참조, 계 5장; 19장).

Q 겸손히 자신을 낮춘 후에야 존귀함을 얻는다는 사실을 안다면 고난 가운데서도 어떻게 하나님을 신뢰하고 순종하게 될까요?

하나님이 예수님을 어떻게 높이셨는지를 잘 살펴보십시오. 본문은 그리스도의 부활을 의미하는 "이러므로 하나님이 그를 지극히 높여"(빌 2:9)라는 구절로 시작합니다.

그리스도께서는 십자가에서 죽으신 후에 빌린 무덤에 장사되셨습니다(요 19:41). 장사해 드린 것 외에 사람들은 아무것도 하지 않았습니다. 무덤은 봉인되었고, 주님은 죽어서 무덤에 누우셨습니다. 무시가 경멸보다 더 모진 법입니다. 메시아일지도 모르는 인물들을 추적하던 로마제국의 감시망에서 가장 유력하셨던 분이 이제 시신이 되어 아무것도 아닌 존재처럼 누워 계셨습니다. 며칠 만에 그분은 추앙받는 존재에서 고문의 대상으로 전락해 버렸고 죽으신 후에는 무가치한 존재처럼 되어 버렸습니다. 그러나 그리스도께서 견디신 수치의 끝은 영광이었습니다. 사흘째 되는 날에 성부 하나님이 그리스도를 높이는 일을 시작하셨습니다.

부활이 믿음의 핵심이므로 바울은 부활이야말로 복음의 핵심이라고 생각했습니다(고전 15:4). 이 메시지가 사실이 아니라면, 우리 믿음도 헛것이 될 것입니다(고전 15:1~19). 그뿐만 아니라 예수님의 부활은 우리도 언젠가는 죽은 자 가운데서 부활하리라는 확신을 심어 줍니다(고전 15:20~58). 후에 바울은 예수님을 "죽은 자들 가운데서 먼저 나신 이"(골 1:18)라고 불렀습니다. 즉 예수님이 부활할 모든 사람 가운데 가장 먼저 부활하신 분이라는 것입니다.

부활의 능력에 그토록 많은 것이 달려 있는 이유는 부활이 그리스도께서 주장하신 다른 모든 것을 뒷받침해 주는 강력한 증거이기 때문입니다. 주님은 자신이 하나님의 아들이며 메시아라고 주장하셨습니다. 그러나 그리스도께서 받으신 수치가 너무나 깊고 심오하여 당시 사람들은 아무리 생각해도 이러한 주장을 받아들이기가 어려웠습니다. 물론 부활이 없었다면 말입니다. 그러나 그리스도께서 말씀하신 대로 죽은 자 가운데서 부활하셨다면(요 2:19), 자기 자신에 관해 주장하신 다른 모든 내용은 합당한 말씀이 됩니다. 그러므로 주님은 모든 사람이 그 앞에 무릎을 꿇고, "모든 입으로 예수 그리스도를 주라 시인"(빌 2:10~11)할 만큼 영광받기에 합당하신 분입니다.

> Leader
부활의 영광을 더욱 분명히 보여 주는 곳은 바로 요한계시록 5장 13절입니다. "내가 또 들으니 하늘 위에와 땅 위에와 땅 아래와 바다 위에와 또 그 가운데 모든 피조물이 이르되 보좌에 앉으신 이와 어린양에게 찬송과 존귀와 영광과 권능을 세세토록 돌릴지어다 하니."

하나님의 달력에는 어떤 정해진 날이 있습니다. 그날, 이 땅에서 살았던 모든 사람이 예수 그리스도의 높으신 이름을 찬양하게 될 것입니다. 단순히 높으신 게 아니라 초월적으로 높으십니다. 그리스도에 대해 냉담하거나 심지어 그리스도를 미워하는 사람이 그분을 대적하여 말하더라도 두려워하지 마십시오. 그리스도를 조롱하던 입으로 주님의 주권을 부르짖어 고백하게 될 것이기 때문입니다. 그리스도께 맞서 싸우던 사람들이 주님의 위엄을 경외하며 납작 엎드려 경배하게 될 것이기 때문입니다. 결국 그리스도를 따르지 않는 사람들은 심판의 자리에서 주님의 영광을 인정하지 않을 수 없게 될 것입니다.

Q 전 세계에서 핍박받고 있는 그리스도인들의 처지를 생각해 봅시다. 그리스도를 위해 수치와 고통을 당할 때 이 본문 말씀이 어떻게 소망을 줍니까?

빌립보서 2장 5~11절에 나타난 예수 그리스도의 삶의 궤적을 아는 대로 적거나 그려 보십시오.

"그리스도께서는 죽은 자 가운데서 살아나셔서 죽음으로 죽음을 짓밟으셨고, 무덤 안에 있는 자들에게 생명을 주셨습니다."[9]
_고대 부활절 찬송가

"노래할지어다. 내 입술아, 영광스럽게 싸우셔서 영광스럽게 이기셨음을 노래하라! 십자가 위에서 이기셨으니 그 승리의 소식을 전하라! 온 땅의 구세주요 죽음으로써 이기신 분임을 전하라![10]
_베난티우스 포르투나투스

심화 토론

낮아짐과 높임의 궤적이 우리 삶에 어떤 모범이 됩니까?

결론

사람들은 최상급으로 말하기를 좋아합니다. '세계적으로 가장 위대한 팀'이라든가 '궁극의 자동차'라든가 '역대 최고의 맛을 보여 주는 과자'처럼 말입니다. 어떤 말이든 남발하다 보면 원래 뜻을 잃기 마련입니다. 모든 것이 최고라면, 최고는 없다는 뜻이 되기 때문입니다.

그러나 이 본문만큼은 확실히 최고입니다. 이제까지 십자가에 달리신 그리스도만큼 낮아진 사람이 없고, 앞으로도 그리스도만큼 최고의 높임을 받을 자도 없습니다. 최악의 고통이 최고의 영광을 낳습니다. 최고의 수치를 당하신 그리스도께서는 지극히 높임을 받으실 것입니다.

이에 비추어 우리는 '내가 겸손히 다른 사람들을 섬기며, 하나님이 언젠가 나를 높여 주실 날이 올 것이라고 믿는가'라고 자신에게 물어야 합니다. 그리스도와 함께 높임을 받으려면, 먼저 다른 사람들 앞에서 자신을 낮추어야 합니다.

그리스도와의 연결
하나님의 아들은 우리를 구원하기 위해 인성을 취하셨고, 우리 죄를 위해 십자가에서 죽기까지 자신을 낮추셨으며, 다시 살아나셔서 모든 찬양과 영광을 받으셨습니다.

하나님의 계획 우리의 사명

선교적 적용 하나님은 우리에게 이 땅에서의 권리를 포기하고 겸비하여 하나님께 순종함으로써 모든 찬양과 영광을 받으신 예수님과 같은 마음을 품으라고 명하십니다.

1. 다른 사람을 섬기기 위해 내려놓기가 힘든 특권이 있다면, 어떤 것들이 있는지 나눠 보십시오.
2. 그리스도 예수 안에서 구원받은 자의 겸손한 삶이란 구체적으로 어떠한 모습입니까?
3. 수치를 당한 후에 높임을 받게 되는 삶의 진리는 그리스도를 따르는 우리의 사명에 어떤 영향을 미칩니까?

금주의 성경 쓰기
사 53:2~12;
마 16:13~28

그리스도와 함께 죽고, 함께 살아나다

5

Summary and Goal

그리스도인의 신앙은 예수님이 그리스도(메시아)시며 살아 계신 하나님의 아들이심을 고백하는 데 있습니다. 예수님이 제자들에게 자신이 누구인지 물으셨습니다. 이는 그리스도에 대한 세간의 이해를 교정하기 위함인 동시에 자신의 죽음과 부활에 대해 예고하시기 위함입니다. 그리스도인은 예수님이 우리를 위해 죽으시고 다시 사신 하나님의 아들이심을 고백합니다. 우리는 믿음으로 그리스도이신 예수님과 하나가 되어 자기 십자가를 지고, 어떤 대가를 치르더라도 그분을 따르도록 부름받았습니다. 어떤 것도 우리를 막을 수 없습니다.

- **성경 본문**
  마태복음 16:13~28

- **세션 포인트**
  1. 예수님은 자신이 그리스도임을 인정하십니다(마 16:13~20)
  2. 예수님은 그리스도에 대한 제자들의 이해에 도전하십니다(마 16:21~23)
  3. 예수님은 제자들에게 자기를 부인하고 주님을 따를 것을 명령하십니다(마 16:24~28)

- **신학적 주제**
  교회는 예수님이 고난과 죽음과 부활의 메시아(그리스도)라는 고백 위에 세워졌습니다.

- **그리스도와의 연결**
  베드로는 예수님을 '오랫동안 기다려 온 이스라엘의 그리스도(메시아)'로 이해했습니다. 그러나 그는 '그리스도'의 의미를 잘 알지 못했습니다. 예수님은 이스라엘의 대적을 무력으로 물리치는 대신, 십자가의 고난과 죽은 자 가운데서 다시 살아나심을 통해 죄와 죽음과 사탄을 정복하셨습니다. 그리스도인은 예수님을 그리스도로 고백하고 그분과 하나가 됩니다. 그리고 자기 십자가를 지고 주님이 인도하시는 곳으로 따라갑니다.

- **선교적 적용**
  하나님은 우리에게 영생을 얻기 위해 자기 자신에 대해 죽고, 자기 십자가를 지고 예수님을 따르라고 명하십니다.

Session Plan

도입

그리스도인의 신앙의 기초는 '사건'에 있으며, 그리스도인의 삶의 근거는 '예수님에 관한 진리의 고백'에 있음을 분명히 알려 주십시오. 그 후에 신자가 새 이름을 받는 문화에 관한 저자의 경험담을 들려주십시오.

만약 세례를 받을 때 성경 인물 중 한 사람의 이름을 선택할 수 있다면, 어떤 이름을 고르겠습니까? 그 이름은 당신에게 어떤 의미가 있습니까?

그리스도인의 신앙고백의 중심은 예수님이 그리스도이시며 살아 계신 하나님의 아들이시라는 사실에 있습니다. 그리스도인은 어떤 대가를 치르더라도 주님을 따르도록 부름 받았다는 것을 보여 주는 이 세션의 내용을 요약해 주십시오.

전개

1 예수님은 자신이 그리스도임을 인정하십니다 (마 16:13~20)

예수님의 사역의 전환점이 되는 마태복음 16장의 이야기를 시작하십시오. 마태복음 16장 13~16절을 읽으십시오. 예수님이 제자들에게 하신 두 가지 질문을 비교하고, 다양한 대답 가운데 예수님을 그리스도로 고백한 베드로의 대답을 강조해 주십시오.

오늘날 "예수님은 누구십니까?"라는 질문에 사람들은 어떻게 대답합니까?

그 대답 중 뭔가 부족한 부분이 있다고 느꼈던 점이 있다면 어떤 것입니까? 예수님의 인격과 사역에 대한 가장 올바른 대답은 무엇입니까?

마태복음 16장 17~20절을 읽으십시오. 베드로의 고백은 하나님 아버지께로부터 나온 것임을 언급하고, 이 고백이 어떻게 교회의 토대가 되었는지 설명해 주십시오. 이 구절에서 교회의 중요한 두 가지 특징을 찾아보게 하십시오. 첫째, 예수님은 '내 교회'라고 말씀하십니다. 둘째, 예수님은 '교회가 하나님의 대적들을 이길 것'이라고 말씀하십니다.

예수님을 그리스도로 고백하는 믿음과 죄와 죽음에 대한 우리의 승리와는 어떤 관계가 있습니까?

2 예수님은 그리스도에 대한 제자들의 이해에 도전하십니다 (마 16:21~23)

마태복음 16장 21~23절을 읽으십시오. 예수님을 그리스도로 바로 이해하는 것이 중요하다는 사실을 강조하십시오. 예수님의 그리스도 되심은 십자가의 고난과 죽으심, 그리고 부활을 의미합니다. 베드로와 다른 제자들은 예수님의 가르침을 이해하기 위해 고군분투해야 했습니다.

베드로가 예수님이 그리스도시라는 사실과 관련해 놓치고 있는 것은 무엇입니까?

오늘날 대부분의 사람들이 예수님의 정체성에 관해 놓치고 있는 것은 무엇입니까?

예수님의 가르침에 대한 베드로의 반응은 인간으로서는 정상적인 것이었습니다. 그러나 하나님은 인간적인 방법을 뛰어넘는 방식으로 다스리신다는 점을 분명히 지적해 주십시오. 예수님은 고난을 통해 악을 이기십니다.

인간적인 생각으로 하나님의 뜻을 판단하고 제한한 경험이 있습니까?

예수님의 정체성 가운데 받아들이기 힘든 부분은 무엇입니까?

3 예수님은 제자들에게 자기를 부인하고 주님을 따를 것을 명령하십니다 (마 16:24~28)

마태복음 16장 24~28절을 읽게 하십시오. 자기를 부인하고 자기 십자가를 져야만 예수님을 계속해서 따를 수 있으며 부활을 고대할 수 있다는 것을 가르쳐 주십시오. 두 명씩 짝을 지어 학습자용 교재에 있는 도표의 질문에 답하게 한 후 전체 모임에서 발표하게 하십시오.

자기 목숨을 구원하려고 애쓰지만, 오히려 생명을 잃는 사람들의 특징은 무엇입니까?

예수님을 위해 목숨을 바치지만, 오히려 생명을 얻는 사람들의 특징은 무엇입니까?

'제자도'란 우리 삶이 예수님을 따르는 진실하고 풍성한 삶으로 변화하는 것임을 강조해 주십시오.

주님을 따르기 위해 십자가를 지고 고난을 받을 때 하나님 나라의 영광을 떠올리는 것은 어떻게 도움이 되나요?

결론

짐 엘리엇의 글과 "주는 그리스도시요 살아 계신 하나님의 아들"이라는 베드로의 고백이 담긴 본문을 연결해 설명해 주십시오. 예수님은 고난당하시고 죽으셨다가 다시 살아나신 하나님이십니다. 예수 그리스도는 우리 삶을 가치 있게 해 주시는 분입니다. 이 세션에서 배운 진리를 '하나님의 계획, 우리의 사명'에서 적용해 보십시오.

Session Content

5. 그리스도와 함께 죽고, 함께 살아나다

도입 옵션

큰 바위와 모래 이미지를 차례로 보여 주고, 그 위에 올라선 느낌으로 성경을 읽어 보라고 하십시오. 그러고 나서 이 두 가지 상황의 차이에 관해 이야기를 나누십시오. 예수님의 가르침에 등장하는 '반석'이나 '기초'를 이해하는 데 시각적으로 도움이 될 것입니다.

"기독교는 본질적으로 부활의 종교입니다. 부활의 개념이 그 중심에 있습니다. 만약 부활의 개념을 없애 버린다면, 기독교는 소멸될 것입니다."[1]
_존 스토트

도입

그리스도인의 신앙은 예수 그리스도의 생애와 죽으심과 부활의 사건을 토대로 합니다. 그리스도인의 삶은 예수님의 정체성과 사역에 나타난 진리를 고백하는 것에 기초합니다. 그리스도인은 그 정체성과 사역을 바탕으로 예수님에 대한 신앙을 고백합니다. 그분은 그리스도시요 살아 계신 하나님의 아들로서 우리 죄를 위해 자신을 내어 주시고 다시 살아나신 분입니다. 이 신앙고백은 그리스도인으로서의 정체성의 기초가 됩니다. 어떤 문화권에서는 신앙고백이 그리스도인으로서의 새 이름을 갖게 된다는 것을 의미하기도 합니다.

> Leader

저는 나일강에서 거행된 세례식에 참석한 적이 있습니다. 함께 가던 참관자들 가운데 한 사람이 제게 '새 이름'을 얻는 사람들을 보게 될 것이라고 알려 주었습니다. 그의 말대로 그들은 아프리카식 이름 외에 새 생명을 얻은 그리스도인으로서의 새 이름을 받았습니다. 요한, 마리아, 베드로, 스데반, 엘리사벳 같은 이름이었습니다.

새 이름은 세례가 무엇인지를 극적으로 보여 줍니다. 예수님을 구주로 고백하는 것은 그와 함께 죽고, 그와 함께 다시 살 것을 상징적으로 나타내는 것입니다. 이로써 그들이 새롭게 되었음을 보여 줍니다. 그들은 그리스도인으로서 새 이름에 걸맞게 앞으로 다른 삶을 살 것입니다.

Q 만약 세례를 받을 때 성경 인물 중 한 사람의 이름을 선택할 수 있다면, 어떤 이름을 고르겠습니까? 그 이름은 당신에게 어떤 의미가 있습니까?

Session Summary

그리스도인의 신앙은 예수님이 그리스도(메시아)시며 살아 계신 하나님의 아들이심을 고백하는 데 있습니다. 예수님이 제자들에게 자신이 누구인지 물으셨습니다. 이는 그리스도에 대한 세간의 이해를 교정하기 위함인 동시에 자신의 죽음과 부활에 대해 예고하시기 위함입니다. 그리스도인은 예수님이 우리를 위해 죽으시고 다시 사신 하나님의 아들이심을 고백합니다. 우리는 믿음으로 그리스도이신 예수님과 하나가 되어 자기 십자가를 지고, 어떤 대가를 치르더라도 그분을 따르도록 부름받았습니다. 어떤 것도 우리를 막을 수 없습니다.

1. 예수님은 자신이 그리스도임을 인정하십니다(마 16:13~20)

마태복음 16장의 사건은 예수님 사역의 전환점이 될 뿐만 아니라, 제자들이 예수님이 누구이시며 무엇을 위해 오셨는지를 이해하는 전환점이 됩니다. 이 사건은 빌립보 가이사랴에서 일어난 일로 예수님이 이 땅에 오신 이유를 보여 줍니다. 가이사랴는 이방 지역으로서 요단강 상류, 즉 갈릴리 바다에서 북쪽으로 40킬로미터 떨어진 곳에 있습니다. 예수님은 초목이 무성하고 아름다운 이곳에서 제자들과 함께 잠시 쉬어가기로 하셨습니다. 이때 예수님은 제자들에게 질문을 던지셨는데, 여기서 베드로의 신앙 고백이 나왔습니다.

13예수께서 빌립보 가이사랴 지방에 이르러 제자들에게 물어 이르시되 사람들
이 인자를 누구라 하느냐 14이르되 더러는 세례 요한, 더러는 엘리야, 어떤 이는
예레미야나 선지자 중의 하나라 하나이다 15이르시되 너희는 나를 누구라 하느
냐 16시몬 베드로가 대답하여 이르되 주는 그리스도시요 살아 계신 하나님의
아들이시니이다

> Leader

누군가와 친분이 있다고 해서 그를 잘 안다고 말할 수 없습니다. 많은 사람이 예수님과 알고 지냈습니다. 예수님은 사람들에게 인기가 많으셨지만, 그들은 예수님이 누구이신지는 잘 알지 못했습니다. 그들은 예수님과 친분이 있었지만, 그분을 바로 알지는 못했습니다.

당시 대부분의 사람들은 예수님을 종교 지도자로 여겼습니다. 어떤

심화 주석 시몬은 하나님의 계시 덕분에(마 11:25~27) 예수님의 정체성을 이해할 수 있었습니다. 예수님은 그에게 '베드로'라는 별명을 붙여 주셨습니다. 마태복음은 그전부터 시몬을 베드로로 부르고 있지만, 예수님은 이때 그에게 새 이름을 지어 주셨습니다. 예수님은 베드로를 그분의 교회가 세워질 '반석'으로 보셨습니다. 베드로와 다른 사도들은 예수님의 그리스도 되심을 선포함으로써 교회의 기초를 마련했습니다(엡 2:19~20; 계 21:14). "내가 … 내 교회를 세우리니"라는 구절의 의미는 예수님이 교회의 성장과 확장을 궁극적으로 책임지신다는 뜻입니다. '교회'는 구약에서 성별된 유대인 모임을 묘사할 때 쓰이는 단어입니다. 예수님은 이 단어를 사용하심으로써 그분을 따르는 자들이 새로운 이스라엘, 즉 하나님의 왕권에 복종하는 하나님의 참된 백성임을 보여 주셨습니다.[2]

_찰스 L. 퀄즈
HCSB Study Bible

심화 주석 예수님이 베드로에게 "천국 열쇠"(마 16:19)를 주신다는 것은 무슨 뜻일까요? 훗날 예수님이 교회에도 똑같이 말씀하시는 것을 보게 될 것입니다(마 18:18). 교회는 열쇠를 가지고 있습니다. 열쇠는 문을 여는 도구입니다. 교회의 열쇠는 하나님 나라의 문을 열 것입니다. 특히 열쇠는 매기도 하고, 풀기도 하는 것입니다. 마태는 여기서 중성 대명사를 사용했습니다. 즉 "무엇이든지 매면"이지 "누구든지 매면"이 아닙니다. 매거나 푸는 것은 사람이 아닌 교회가 할 수 있습니다. 헬라어 본문은 이것을 보완하기 위해 완료 수동형 시제를 사용했습니다. 교회가 매면 "하늘에서도 매일 것이요", 교회가 풀면 "하늘에서도 풀리리라"는 것입니다. 이것은 교회가 하나님 나라에 속해 있는지 아닌지를 알 수 있는 능력으로 이해하는 것이 좋습니다. 사도행전에서 말하는 열쇠에는 복음을 전하는 것과 그리스도를 향한 신앙 고백을 확증하는 교회의 책임이 포함됩니다.

이들은 예수님을 '부활한 세례 요한'으로 생각했는데, 예수님의 말씀과 행적이 세례 요한과 닮았기 때문입니다. 사람들은 예수님과 세례 요한을 모두 높이 평가하고 있었습니다. 또 어떤 이들은 예수님을 바벨론 포로 시대에 이스라엘의 미래를 예언했던 예레미야 같은 선지자로 여겼습니다. AD 1세기 유대인들에게는 세례 요한이나 예레미야 선지자가 영웅이었으므로, 사람들이 예수님을 그들과 같은 인물로 여긴 것은 일종의 찬사라고 할 수 있습니다. 그러나 '종교적 영웅'으로는 부족했습니다. 제자들의 대답은 여기서 한 발 더 나아가야 했습니다.

> Leader 예수님의 질문이 어떻게 달라지는지에 주목해 보십시오. 예수님은 먼저 "사람들이 인자를 누구라 하느냐"(13절) 하고 물어보셨습니다. 다니엘서에 따르면 "인자"는 메시아의 칭호로서, 예수님이 자신을 언급할 때 자주 사용하셨던 용어였습니다. 인자는 마태복음에서 27번 언급되었습니다. 그러나 예수님은 다시 제자들에게 더 직접적으로 물으셨습니다. "너희는 나를 누구라 하느냐"(15절).

베드로는 예수님은 "그리스도시요 살아 계신 하나님의 아들"(16절)이라고 대답했습니다. '그리스도'라는 칭호는 '기름 부음을 받은 자'를 뜻하는 히브리어 '메시아'에서 비롯되었습니다. 그분은 압제자로부터 이스라엘 민족을 구원할 하나님의 사자로, 구약의 약속을 성취함으로써 이스라엘의 황금시대를 가져오실 분이었습니다.

베드로는 다른 사람들보다 예수님에 대해 더 많은 것을 알았습니다. 그는 예수님을 통해 세상을 구원하시려는 하나님의 계획에 대해 더 깊이 이해하고 있었습니다. 더 나아가 베드로는 예수님이 "살아 계신 하나님의 아들"이시라고 덧붙였습니다. 그것도 유일하신 아들이라고 말입니다. 일반적으로 믿는 자들을 "하나님의 자녀 된 아들"로 부르는데, 베드로는 예수님이야말로 살아 계신 하나님의 하나뿐인 아들이심을 알았던 것입니다.

Q 오늘날 "예수님은 누구십니까?"라는 질문에 사람들은 어떻게 대답합니까?

Q 그 대답 중 뭔가 부족한 부분이 있다고 느꼈던 점이 있다면 어떤 것입니까? 예수님의 인격과 사역에 대한 가장 올바른 대답은 무엇입니까?

17 예수께서 대답하여 이르시되 바요나 시몬아 네가 복이 있도다 이를 네게 알게 한 이는 혈육이 아니요 하늘에 계신 내 아버지시니라 18 또 내가 네게 이르노니 너는 베드로라 내가 이 반석 위에 내 교회를 세우리니 음부의 권세가 이기지 못하리라 19 내가 천국 열쇠를 네게 주리니 네가 땅에서 무엇이든지 매면 하늘에서

도 매일 것이요 네가 땅에서 무엇이든지 풀면 하늘에서도 풀리리라 하시고 [20]이 에 제자들에게 경고하사 자기가 그리스도인 것을 아무에게도 이르지 말라 하시니라

베드로는 다른 사람들과 달리 예수님이 "그리스도시요 살아 계신 하나님의 아들"이심을 어떻게 알았을까요? 예수님은 하나님이 베드로에게 이 사실을 알려 주셨다고 말씀하셨습니다. 성령님의 도움을 받지 않고는 이런 영적 진리에 도달할 수 없습니다. 베드로에게는 이러한 진실을 깨달을 만한 영적 능력이 없었습니다.

> Leader
베드로는 예수님을 따르면서, 그분에게서 다른 이들이 보고 듣지 못하는 것을 알게 되었습니다. 다른 이들은 예수님이 행하신 전능한 능력과 자비로운 면모만을 봤지만, 베드로는 그분의 행동에서 하나님을 봤습니다. 다른 이들은 예수님이 성경 말씀과 삶을 특별하게 설명하시는 것만을 들었지만, 베드로는 그분의 말씀에서 하나님이 말씀하시는 것을 들었습니다. 제자들은 날마다 예수님을 따르면서 그분의 행동과 말씀을 통해 예수님이 누구이신지를 단편적으로나마 알게 되었습니다. 베드로는 다른 제자들보다는 더 많이 알고 있었지만 예수님의 정체성에 관해서 다 알지는 못했습니다.

예수님이 왜 갑자기 시몬을 "베드로"(18절)라고 부르신 걸까요? 예수님은 시몬의 고백을 바탕으로 그에게 새로운 자기 이해와 정체성을 주셨습니다. 베드로(헬라어로 '페트로스')는 '돌'을 의미합니다. 언어유희로 붙여진 이름입니다(18절). 그는 베드로라는 새 이름에 걸맞게 영적 반석이 될 것입니다. 그리고 그의 고백은 교회의 기초가 될 것입니다. 다시 말해 교회는 예수님을 주로 고백하는 사람들로 세워질 것입니다. 예수님은 교회가 악의 세력을 정복할 것이라고 약속하셨습니다.

> Leader
이 구절에서 교회의 두 가지 중요한 특징을 볼 수 있습니다.
첫째, 예수님은 교회를 "내 교회"(18절)라 부름으로써 자기 소유로 묘사하십니다. 베드로와 다른 제자들은 예수님께 속한 교회를 이끌어 가게 될 것입니다. 그들은 대리인이자 청지기가 될 것입니다
둘째, 예수님은 교회가 하나님의 대적들을 이길 것이라고 말씀하십니다. "음부의 권세"(18절)로 번역된 '하데스의 문'(the gates of Hades)이란 무엇일까요? 현대 독자들은 '문'을 방어 시설쯤으로 여길 것입니다. 그러나 성경은 '하데스의 문'이 "이기지 못하리니"라고 기록하고 있습니다. 즉 하데스의 문이 의인화되어 공격적인 성격으로 묘사되었습니다. 하데스의 문, 곧 음부의 권세를 어떻게 이겨낼 수

"베드로의 고백이 반석이 되었습니다. 내 교회를 이 반석 위에 세우시겠다는 예수님의 말씀은 교회가 이 같은 신앙고백 위에 세워질 것이라는 의미입니다."[3]
_몹수에스티아의 테오도르

"십자가에 달리시고 십자가에서 내려져 무덤에 누우셨던 예수님, 그분은 지옥문으로 당당히 걸어 들어가 사망과 음부의 손에서 열쇠를 가져다가 다시 삶으로 걸어 나오신 분입니다."[4]
_말콤 얀넬

심화 토론

- 고백하는 사람(예: 베드로)보다 고백에 담긴 진리에 중점을 두는 것이 중요한 이유는 무엇입니까?

> **심화 주석** 사탄의 역할은 예수님의 삶을 향한 하나님의 계획을 방해하는 것입니다. 예수님은 베드로에게 문자 그대로 사탄에게 사로잡혔다고 비난하지는 않으셨으나, 그의 생각이 사탄의 것과 같다는 것을 극적으로 보여 주셨습니다. 베드로는 교회의 반석에서 "넘어지게 하는 자"(마 16:23, '죄짓게 하는 유혹'이란 의미로 마태가 독특하게 사용하는 표현으로 '걸림돌'로도 번역할 수 있습니다)가 되었습니다. 베드로는 하나님의 뜻보다는 구속받지 않은 인간의 일, 즉 "사람의 일"(23절)을 생각했습니다. "내 뒤로 물러가라"(23절)는 말씀은 '물러가라', '내 눈앞에서 사라져라'라는 뜻입니다. 이것은 마태복음 4장 10절에서 예수님이 사탄을 꾸짖으며 명령하신 것과 똑같은 명령입니다.[5]
>
> _크렉 블롬버그

있을까요? 구약 시대에는 통치 기관이 주로 성문이나 성문 안에 있었고, 도시의 성벽은 매우 두꺼웠습니다. 여기서 '통치 기관으로서의 문'이란 은유는 다음과 같은 해석을 가능하게 합니다. 예수님은 하데스, 즉 지옥이 교회를 정복하고 하나님의 구원 계획을 좌절시키려고 시도할 것이나 실패할 것을 생생한 언어로 말씀해 주신 것입니다. 예수님은 교회가 악의 세력을 이기게 되리라고 약속하십니다.

Q 예수님을 그리스도로 고백하는 믿음과 죄와 죽음에 대한 우리의 승리와는 어떤 관계가 있습니까?

2. 예수님은 그리스도에 대한 제자들의 이해에 도전하십니다

(마 16:21~23)

> Leader

베드로는 예수님의 정체성에 관해 가장 근본이 되는 신앙고백을 합니다. "주는 그리스도시요 살아 계신 하나님의 아들이시니이다." 베드로는 그리스도라는 칭호를 정확히 언급했지만, 그 의미는 정확히 이해하지 못했습니다. 그 다음에 어떤 일이 일어났는지 살펴봅시다.

*21이때로부터 예수 그리스도께서 자기가 예루살렘에 올라가 장로들과 대제사
장들과 서기관들에게 많은 고난을 받고 죽임을 당하고 제삼 일에 살아나야 할
것을 제자들에게 비로소 나타내시니 22베드로가 예수를 붙들고 항변하여 이르
되 주여 그리 마옵소서 이 일이 결코 주께 미치지 아니하리이다 23예수께서 돌
이키시며 베드로에게 이르시되 사탄아 내 뒤로 물러가라 너는 나를 넘어지게
하는 자로다 네가 하나님의 일을 생각하지 아니하고 도리어 사람의 일을 생각
하는도다 하시고*

예수님을 그리스도로 밝힌 베드로의 고백은 예수님의 삶과 사역에 분수령이 되는 사건입니다. 마태복음에 따르면, 예수님은 이 시점부터 다가올 죽음에 관해 말씀하기 시작하십니다. 이후 예수님의 생각과 행동은 모두 십자가를 향해 있습니다. 역사를 아는 우리는 예수님의 죽음의 실체와 중요성을 잘 알고 있습니다. 하지만 당시 제자들은 감히 상상조차 못했을 것입니다. 그리스도께서 죽으신다니요?

복음서 기자들은 예수님의 정체성에 비추어 그분의 죽음과 부활의

의미를 우리에게 전해 줍니다. 덕분에 마태복음의 시작에서부터 독자들은 예수님의 생애와 사역의 중요성을 이해할 수 있습니다(마 1:1, 18; 2:4). 그러나 제자들은 우리와 달리 예수님에 대해 아직 모르는 것이 많았습니다. 복음서 기자들은 제자들이 예수님을 그리스도로 알아 가고, 그리스도의 의미를 깨달아 가는 과정을 그대로 따라가며 볼 수 있게 해 줍니다.

> Leader 이 점을 생각해 보십시오. 예수님의 공생애 첫 2년 동안 군중의 관심과 환호가 이어졌습니다. 자비와 공의에 관한 말씀에서 우러나는 예수님의 인성, 기적을 베푸시는 행동, 산상수훈 같은 가르침에서 비롯된 명성 때문이었습니다. 수천 명이 예수님을 따랐습니다. 오병이어 사건은 이러한 예수님의 인기를 보여 줍니다(마 14:13~21; 15:32~39). 그 당시 유대인들, 심지어 제자들도 예수님이 이런 식으로 계속해서 나아가실 것을 기대했으며, 언젠가는 메시아로서 유대의 독립을 열어 주시리라 기대했습니다. 메시아가 고난받고 죽으시리라는 것은 꿈에도 생각지 못했던 것입니다. 이사야 53장을 비롯해 구약의 말씀들이 고난받는 메시아에 관해 가르치고 있었는데도 말입니다.

"베드로는 그리스도께서 하나님의 아들이심을 알았습니다. 하지만 십자가와 부활의 신비에 관해서는 알지 못했습니다."[6]
_요한 크리소스톰

"예수님을 누구로 고백하느냐에 따라 그분을 어떻게 따르게 될지가 결정될 것입니다."[7]
_데이비드 플랫

Q 베드로가 예수님이 그리스도시라는 사실과 관련해 놓치고 있는 것은 무엇입니까?

Q 오늘날 대부분의 사람들이 예수님의 정체성에 관해 놓치고 있는 것은 무엇입니까?

베드로는 예수님의 말씀을 강하게 부정함으로써 그리스도께서 죽으시리라는 생각에 불편한 마음을 드러냅니다. "베드로가 예수를 붙들고 항변하여 이르되"(22절)에서 다음 두 가지 사실을 알 수 있습니다. 첫째, 그는 예수님이 틀리셨다고 주장하고 있는 것입니다. 둘째, 그는 예수님이 얼마나 잘못된 그리스도에 관한 이해를 가졌는지 보여 드리려 애쓰고 있습니다. 이는 "주여 그리 마옵소서"(22절) 하고 내뱉은 베드로의 말에서 분명히 알 수 있습니다. 문자 그대로 번역하면 "주님께 하나님의 자비가 있기를!"이라고 한 것입니다.

> Leader 베드로는 예수님이 자신의 삶을 향한 하나님의 뜻을 이해하려면 하나님의 자비가 필요하다고 말한 것입니다. 베드로의 반응은 심각한 오해에서 비롯한 주제넘은 행동이었습니다. 베드로의 지도자로서의 자질이 여기서는 잘못 발휘되었습니다. 베드로는 하나님의 계시에 따라 메시아를 알아보고, "예수님은 그리스도이십니다"라고 담대하게 고백했습니다. 그러나 '그리스도'의 의미를 제대로 알지

심화 주석 예수님은 제자들에게 "자기 십자가를 지라"(마 16:24)고 말씀하심으로써 극도의 자기 부인을 말씀하셨습니다. 그런데 우리는 "모두 견딜 만한 자기 십자가를 지고 있다"는 말로 십자가의 능력을 최소화합니다. 예수님은 사소한 불편에 관해 말씀하신 것이 아닙니다. 예수님의 제자들은 십자가를 지는 것이 무엇을 의미하는지 알았습니다. 즉 십자가 처형을 위한 서곡임을 알았던 것입니다. 예수님은 죽음에 관해 말씀하고 계신 것입니다. 자기희생의 극치, 욕심과 이기심에 관해 죽는 것을 말씀하시는 것입니다. 우리는 그분의 십자가 능력을 놓쳐서는 안 됩니다. 하나님의 종에게는 십자가가 있기 마련입니다. 주님을 따를 때, 우리는 그 명령이 현재 명령형임을 잊어서는 안 됩니다. 즉 "계속해서 나를 따르라"는 명령입니다. 예수님은 올바른 삶의 방식으로 제자도를 말씀하십니다. 십자가를 지는 것은 단번에 끝나는 일이 아니며, 피할 수 있는 일도 아닙니다. "날마다 제 십자가를 지고 나를 따를 것이니라"(눅 9:23).[8]

_레온 모리스

못했기에 예수님께 잘못된 말을 하게 된 것입니다.

예수님이 베드로를 바로 꾸짖으셨습니다. 조금 전에 예수님이 그를 칭찬하신 것은 그가 하나님이 계시하신 말씀에 귀 기울이고 그 말씀을 따랐기 때문입니다. 그러나 그는 곧바로 사탄의 대리인으로서 행동했습니다. 베드로는 하나님의 계시는 멀리하고 인간의 지혜로써 말한 것입니다. 그렇다고 그가 악에 사로잡혔다고 말할 수는 없습니다. 그는 고난을 통해 구원을 이루시는 하나님의 계획을 반대하는 입장을 취한 것이었습니다. 그 순간에 베드로는 사탄과 그의 계획 편에 섰던 것입니다. 베드로는 마치 예수님이 광야 시험에서 물리쳤던 사탄처럼 말하고 있었습니다.

그 순간에 베드로는 순전히 인간적인 생각을 했습니다. 당연히 그리스도께서 세상을 정복하고 다스리실 것으로 생각했던 것입니다. 베드로는 자신이 광야에서 예수님이 받으셨던 시험을 되풀이하고 있다는 사실을 깨닫지 못했습니다. 그는 예수님께 십자가보다 세상 영광을 택하라고 유혹한 셈입니다.

베드로는 곧 하나님의 방법은 인간적인 생각을 뛰어넘으신다는 것을 배우게 됩니다. 예수님은 고난을 통해 사탄을 정복하고 승리하실 것이기 때문입니다. 이 이야기는 하나님과 동행하는 사람들조차 하나님의 계시와 인간의 이성과 육체의 욕망을 혼동할 수 있다는 사실을 가르쳐 줍니다.

Q 인간적인 생각으로 하나님의 뜻을 판단하고 제한한 경험이 있습니까?

Q 예수님의 정체성 가운데 받아들이기 힘든 부분은 무엇입니까?

3. 예수님은 제자들에게 자기를 부인하고 주님을 따를 것을 명령하십니다(마 16:24~28)

> Leader

죽으시고 부활하시는 그리스도(메시아)라는 예수님의 정체성에 대한 이해는 단순히 지식 훈련으로 얻어지지 않습니다. 그것은 예수님의 제자로서 신앙을 실천할 때 알게 되는 것입니다. 우리는 그분의 발자취를 따릅니다.

제자들은 하나님 나라의 일원으로서 예수님처럼 살아가는 법을 배워야 합니다. 하나님 나라에 들어가려면, 예수님의 고난과 죽음과 부활을 믿고 따라야 합니다. 다음 본문에서 예수님은 하나님 나라의 삶은 영광에 이르기 전에 우선 자기를 부인하는 것이라고 강조하십니다.

[24]이에 예수께서 제자들에게 이르시되 누구든지 나를 따라오려거든 자기를 부
인하고 자기 십자가를 지고 나를 따를 것이니라 [25]누구든지 제 목숨을 구원하고
자 하면 잃을 것이요 누구든지 나를 위하여 제 목숨을 잃으면 찾으리라 [26]사람이
만일 온 천하를 얻고도 제 목숨을 잃으면 무엇이 유익하리요 사람이 무엇을 주
고 제 목숨과 바꾸겠느냐 [27]인자가 아버지의 영광으로 그 천사들과 함께 오리니
그때에 각 사람이 행한 대로 갚으리라 [28]진실로 너희에게 이르노니 여기 서 있는
사람 중에 죽기 전에 인자가 그 왕권을 가지고 오는 것을 볼 자들도 있느니라

본문에는 "자기를 부인하고, 자기 십자가를 지고, 제 목숨을 잃으면"(24, 25절)과 같은 부정적인 말들이 나옵니다. 우리는 이 부분을 어떻게 이해해야 할까요? "부인하다"나 "지다"의 헬라어 원문의 시제를 보면, 새로운 길로 들어설 것을 제시하고 있습니다. 이것은 헬라어의 진행형 시제로 쓰인 "나를 따를 것이니라"와 대조적으로 쓰인 것입니다. 즉 이것은 자기를 부인하고 십자가를 진 후에만 '현재' 예수님을 계속해서 따를 수 있음을 의미합니다. 자기를 부인하고 십자가를 진다는 것은 새로운 삶의 관점을 갖겠다는 중대한 결단입니다. 우리는 주님을 따라야 합니다. 이는 인간의 방식이 아닌 하나님의 방식대로 이루어질 것입니다. 예수님을 따르겠다는 결심은 인간의 생각과 방식을 포기하고 예수님처럼 살기를 원하는 것입니다. 목표는 자기를 포기하는 것이 아니라 예수님을 제대로 따르는 것입니다.

> Leader

이 진리는 목숨을 구하고 목숨을 버리는 것 사이의 대조적 상황에서 더욱 분명해집니다. 여기서 자기 "목숨을 구원"한다는 것은 존재를 즐겁게 하는 것들이 풍부함을 가리킵니다. 얼핏 보면 우리가 가지고 있거나 가지길 원하는 것들을 움켜쥐는 것이 자기 영혼을 위하는 것처럼 보입니다. 우리 몸이 잘 먹고 잘 사는 것이 영혼의 만족인 듯 보입니다. 그러나 예수님은 세상적인 것들을 붙잡으면, 그것이 전부라고 생각하게 된다고 경고하십니다. 우리는 '할 수 있는 한 모든 것을 움켜쥐려는' 경향이 있습니다. 하지만 이것은 우리 영혼이 갈망하는 만족과 배치됩니다. 선택은 제자도의 핵심입니다. 하나님 나라의 삶은 예수님의 생애를 그대로 따르는 것입니다. 예수님은 십자가가 부활 전에 치러야 할 일시적인 시련일 뿐 영원한 영광이 기다리고 있음을 너무나도 잘 아셨습니다. 마찬가지로 우리도 지금의 희생이 영생과 미래의 부활을 위한 일시적 시련임을 알고 자기 부인을 선택해야 합니다.

예수님은 부활을 말씀하시기 위해 자기 부인을 강조하십니다. 충만해지기 위해 자기를 부인하라는 것입니다. 내일 일어서기 위해 오늘 죽으라

심화 주석 예수님은 그들에게 심판을 말씀하심으로써 경고하십니다. 그들은 자기 삶에 책임을 져야 합니다(마 16:27). 주님은 "진실로 너희에게 이르노니 여기 서 있는 사람 중에 죽기 전에 인자가 그 왕권을 가지고 오는 것을 볼 자들도 있느니라"(28절)라고 결론지으십니다. 이것은 부활해 오실 것을 말씀하신 걸까요? 아니면 예루살렘의 몰락을 가리키신 걸까요? 그것도 아니면 재림을 말씀하신 걸까요? 만약 그렇다면, 마태복음 10장 23절과 같은 문제가 제기됩니다. 이것은 분명히 AD 1세기 당시에 있을 재림에 관한 예언이었습니다. 예수님이 실수하신 걸까요?
이 구절을 두고 많은 논쟁이 있어 왔습니다. 마가와 마태는 예수님의 변화산 사건을 연대기 순으로 바로 연결했습니다("엿새 후에", 마 17:1). 그러나 이것은 예수님이 의도하신 바가 아닌 것 같습니다("볼 자들도 있느니라"에 주목하십시오). 예수님은 십자가와 부활을 고대하고 계셨을 것입니다(21절). 왕께서 통치에 들어가심을 보여 주는 것이기 때문입니다. 역사의 끝에 하나님 나라가 임할 것입니다. 십자가와 부활이 하나님 나라를 향한 첫걸음이 될 것이며, 사람들로 하여금 자기 운명을 결정짓게 할 것입니다.[9]

_마이클 그린

"제자도는 얼마나 큰 위험에 처했든지 상관없이, 곤고함이 계속될지라도 옳은 일을 계속해 나가는 것입니다."[10]
_W. D. 데이비스 & 데일 C. 앨리슨

"매일 주님께 소망을 두고 주님을 신뢰하는 하나님의 진실하고 신실한 친구는 마음이 담대해 그리스도의 십자가를 능히 질 수 있습니다."[11]
_한스 후트

는 뜻입니다. 예수님은 그 뒤에 따를 영광을 바라보셨습니다. 바로 '부활'입니다. 우리도 마지막 날에 하나님의 상급을 받고, 하나님 나라에 속한 자들로서 충만한 삶을 누리게 될 것을 믿어야 합니다.

자기 목숨을 구원하려고 애쓰지만, 오히려 생명을 잃는 사람들의 특징은 무엇입니까?	예수님을 위해 목숨을 바치지만, 오히려 생명을 얻는 사람들의 특징은 무엇입니까?

과연 그리스도인의 삶은 계속해서 자신을 포기하는 것뿐일까요? 예수님의 제자들은 그리스도가 누구이신지 알면, 이 땅에서 평안과 안락을 누리게 될 것으로 생각했습니다. 예수님은 제자들의 이러한 잘못된 이해를 바로잡아 주십니다. 예수님은 세속적인 욕망을 버리고 주님의 일을 감당하라고 가르치십니다. 오직 예수님을 따르는 삶만이 우리에게 만족을 줄 수 있습니다.

그러므로 '제자도'란 끊임없이 행복을 포기하는 삶이 아닌 예수님을 따르는 진실하고 풍성한 삶으로 변화하는 과정을 의미합니다. 예수님을 위해 자기 목숨을 버리는 사람은 오히려 참생명을 발견하게 됩니다. 그들은 하나님 나라의 영광스러운 기쁨을 경험하게 됩니다. 예수님은 사시는 동안 영광스러운 하나님 나라의 특징을 우리에게 보여 주셨습니다. 예를 들어 산상수훈을 통해 공의를 말씀해 주셨고, 이적을 통해 흠 없는 육신을 만들어 주심으로써 계시하셨고, 우리로 하여금 궁극적인 만족을 누리게 하셨습니다.

이 땅에서 예수님을 따르는 삶은 희생과 고난을 감수하는 것입니다. 그러나 고난을 통해 영광이 나타납니다. 그 영광은 십자가에 못 박히시고 부활하신 그리스도의 영원한 영광입니다.

Q 주님을 따르기 위해 십자가를 지고 고난을 받을 때 하나님 나라의 영광을 떠올리는 것은 어떻게 도움이 되나요?

결론

짐 엘리엇은 머리도 좋고 운동 실력도 뛰어나고 매력적인, 한마디로 모든 것을 다 가진 사람이었습니다. 그는 자신이 원하면 무엇이든 될 수 있었습니다. 그러나 그는 어릴 적부터 예수님을 따르기로 결심했습니다. 그 결심으로 사역 현장에 나섰고, 에콰도르의 아우카 인디언들에게 복음을 전하다가 순교했습니다.

짐과 그의 친구들은 왜 원시적이고 적대적인 사람들을 위해 모든 것을 포기하고, 심지어 자신들의 목숨까지 바쳤을까요? 대학 시절, 그는 수백만 명의 마음을 뒤흔든 글을 썼습니다. "잃을 수 없는 것을 얻고자, 지킬 수 없는 것을 내어 주는 사람은 바보가 아닙니다."[12] 이 말은 베드로의 위대한 신앙고백을 떠올리게 합니다. 예수님은 구세주이시며 그리스도이시자 고난을 받고 죽었다가 다시 살아나신, 살아 계신 하나님의 아들이십니다.

핵심교리 **99**

71. 그리스도와의 연합

그리스도와의 연합은 구원의 핵심입니다. 성경은 구원을 하나님과 언약 관계를 맺는 것으로 묘사하고, 신자들의 모임인 교회를 그리스도의 신부로 묘사합니다(고후 11:2, 엡 5:23~32). 그리스도인은 믿음을 통해 그리스도께서 우리 안에 거하심과 우리가 주님 안에 거하게 됨을 믿습니다(엡 3:17; 골 1:27; 3:1~4). 이 연합은 깨뜨릴 수 없으며, 영원토록 계속될 것입니다.

그리스도와의 연결

베드로는 예수님을 '오랫동안 기다려 온 이스라엘의 그리스도(메시아)'로 이해했습니다. 그러나 그는 '그리스도'의 의미를 잘 알지 못했습니다. 예수님은 이스라엘의 대적을 무력으로 물리치는 대신, 십자가의 고난과 죽은 자 가운데서 다시 살아나심을 통해 죄와 죽음과 사탄을 정복하셨습니다. 그리스도인은 예수님을 그리스도로 고백하고 그분과 하나가 됩니다. 그리고 자기 십자가를 지고 주님이 인도하시는 곳으로 따라갑니다.

하나님의 계획 우리의 사명

선교적 적용 하나님은 우리에게 영생을 얻기 위해 자기 자신에 대해 죽고, 자기 십자가를 지고 예수님을 따르라고 명하십니다.

1. 믿지 않는 사람들에게 예수님을 어떻게 설명하겠습니까?
2. 예수님은 "음부의 권세가 교회를 이기지 못하리라"라고 분명히 말씀하셨습니다. 복음을 위해 개인적 차원에서 또는 교회/공동체 차원에서 어떤 일을 할 수 있습니까?
3. 오직 예수님 안에서 생명을 찾을 수 있도록 하나님께 성령님의 권능과 지혜를 구하는 기도문을 작성해 보십시오.

금주의 성경 쓰기
눅 23:1~56

Summary and Goal

예수님의 부활은 그분을 따르는 자들로 하여금 과거를 돌아보게 하고 미래를 내다보게 합니다. 부활 사건은 예수님이 자기 삶과 죽음과 부활을 통해 역사에서 행하신 일과 하나님이 우리를 구원하시고 영적으로 세우신 일을 가리킵니다. 그와 동시에 예수님의 부활은 그리스도께서 재림하실 때 우리가 경험하게 될 죄에 대한 최후의 승리와 주님에 대한 우리 믿음의 최종적 완성을 내다보게 합니다.

부활을 선포하다

6

- **성경 본문**

  고린도전서 15:1~28

- **세션 포인트**

  1. 그리스도의 부활은 좋은 소식입니다(고전 15:1~11)
  2. 그리스도의 부활은 진리입니다(고전 15:12~19)
  3. 우리 부활은 이미 보장되었습니다(고전 15:20~28)

- **신학적 주제**

  기독교는 예수님의 부활로 시작해서 예수님의 부활로 끝납니다.

- **그리스도와의 연결**

  예수님의 부활은 단순히 과거에 일어난 기이한 사건에 그치는 것이 아니라 하나님이 약속하신 새로운 세계의 시작을 나타냅니다. 예수님의 부활은 그분의 백성에게 장차 임할 부활의 첫 열매이며, 하나님 나라가 이 땅에 온전히 임할 것에 대한 보장이고 언젠가 영원히 패망하게 될 죽음의 관에 첫 번째 못을 박은 사건입니다.

- **선교적 적용**

  하나님은 그리스도의 부활의 진리를 꽉 붙잡고 그리스도의 재림에 대한 원대한 소망을 품고 복음을 전하라고 우리를 부르십니다.

Session Plan

도입

계몽주의 이후로 기적의 가능성에 의문을 제기하는 것이 흔해졌습니다. 특히 예수님의 부활에 관해 그렇습니다. 이 기적이 그토록 논란이 되는 이유를 다루어 주십시오.

예수님의 부활을 어떻게 믿게 되었습니까?

믿음의 과정이 힘겨웠습니까? 그렇거나 그렇지 않다면, 그 이유는 무엇입니까?

예수님의 부활이 우리로 하여금 과거를 돌아보게 하고 미래를 내다보게 한다는 이 세션의 내용을 요약해 주십시오.

전개

1 그리스도의 부활은 좋은 소식입니다 (고전 15:1~11)

고린도전서 15장 1~11절을 읽으십시오. 바울의 말에 따르면, 복음은 단순히 새 생명을 시작하는 것만이 아니라 우리 생활 방식의 틀이 된다는 것을 말해 주십시오. 바울이 1~2절에서 한 말의 전개 과정과 그 의미를 강조해 주십시오. 우리는 복음을 넘어가야 자라는 것이 아니라 복음에 더 깊이 들어감으로써 그리스도 안에서 자라나게 됩니다.

복음이 나의 과거와 현재와 미래의 삶에 끼치는 영향은 무엇입니까?

복음의 기본 내용을 복습하십시오.
"성경대로 그리스도께서 우리 죄를 위하여 죽으시고"(3절).
"장사 지낸 바 되셨다가"(4절).
"성경대로 사흘 만에 다시 살아나사"(4절).
"게바에게 보이시고 후에 열두 제자에게와 그 후에 오백여 형제에게 일시에 보이셨나니 … 야고보에게 … 모든 사도에게와 … 내게도 보이셨느니라"(5~8절).

그리스도의 부활을 좋은 소식으로 여기는 이유는 무엇입니까?

예수님의 부활은 우리 삶을 변화시키는 복음의 능력을 어떤 식으로 나타냅니까?

2 그리스도의 부활은 진리입니다 (고전 15:12~19)

고린도전서 15장 12~19절을 읽으십시오. 죽은 자의 육체적 부활은 없다는 잘못된 가르침을 다루기 위해 바울이 동원했던 인과율의 논리적 사슬을 강조해 주십시오.

그리스도께서 죽은 자 가운데서 살아나지 않으셨는데도 우리가 그리스도께 소망을 두고 있

다면 우리는 가장 불쌍한 사람들이라고 바울이 말한 이유는 무엇일까요?

예수 그리스도의 '영적인' 부활을 믿는 것만으로는 충분하지 않은 이유를 알려 주십시오. 성경은 예수님의 육체적 부활과, 장차 있을 신자들의 육체적 부활을 연결한다는 사실을 짚어 주십시오. 복음에 그리스도의 부활이 없다면 그것은 더 이상 좋은 소식이 아닙니다.

바울이 예수님의 부활의 중요성을 강조한 것에 비추어 보면, 우리는 어떠한 마음으로 부활절을 맞이해야 합니까?

3 우리 부활은 이미 보장되었습니다 (고전 15:20~28)

고린도전서 15장 20~28절을 읽으십시오. "첫 열매"라는 말의 의미와, 구약에서 이 말이 사용된 배경을 설명해 주십시오. 예수님은 첫 번째 '수확'이시자 신자들의 장차 있을 부활에 관한 보증이십니다.

장차 있을 부활은 일상생활 속에서 우리의 생각이나 감정이나 행동에 어떤 영향을 줍니까?

부활의 순서가 그리스도의 최상위를 보여 준다는 것을 설명해 주십시오. 또한 신자들의 부활로 역사가 끝을 맺고, 하나님 아버지 앞에 온 피조물이 완전히 회복되리라는 사실에 주목해 주십시오.

장차 있을 부활의 소망과 그리스도를 통한 만물의 회복이 오늘날 우리의 복음적인 노력에 어떤 영향을 끼칩니까?

결론

부활이 그리스도를 향한 우리 믿음에 확신을 주고 장차 있을 일에 소망을 준다는 점을 강조해 주십시오. 또 만물이 본래 모습대로 있는 것이 아니고, 부활 생명을 경험해야 할 사람들이 여전히 많다는 것을 상기시키며 이 세션을 마무리해 주십시오. 이 세션에서 배운 진리를 '하나님의 계획, 우리의 사명'에서 적용해 보십시오.

Session Content

6. 부활을 선포하다

도입 옵션

칠판이나 큰 종이에 '기적'이라는 단어를 적으십시오. 그리고 성경에 나오는 기적들을 생각나는 대로 열거해 쓰게 하십시오. 세션을 시작할 때, 예수님의 부활을 강조하면서 이 목록을 언급해 주십시오.

"줄리어스 시저가 생존했다거나 알렉산더 대왕이 서른세 살에 죽었다는 것보다 예수님이 부활하셨다는 증거가 더 많습니다."[1]
_빌리 그레이엄

도입

계몽주의 이후로, 기적이 일어날 가능성에 의문을 제기하는 것이 흔해졌습니다. 자연을 인과율이 지배하는 세계로 여기게 되었기 때문입니다. 모든 움직임을 자연법칙으로 설명하고, 이 엄격한 법칙들은 특별히 깨질 만한 여지가 없어 보입니다. 계몽된 자연주의자들이 문제로 여긴 모든 기적 가운데 예수 그리스도의 부활은 많은 논란을 빚었고 결국 사람들 사이에서 부정되고 말았습니다.

> Leader
> 어떤 사람들은 예수님의 부활보다 홍해가 갈라진 사건이나 하늘에서 만나가 내린 사건이나 통의 가루와 병의 기름이 없어지지 않았던 사르밧 과부의 사건을 더 쉽게 믿습니다. 왜 그럴까요? 부활 사건이 왜 다른 모든 기적보다 훨씬 더 논쟁거리가 되며 더 큰 분란을 일으키는 것일까요? 아마도 다른 모든 기적들과 달리 부활 사건은 예수님이 누구이신가에 관한 개인적인 믿음의 결단을 요구하기 때문일 것입니다.

그러나 부활은 복음 메시지에서 가장 중요한 핵심입니다. 하나님은 예수 그리스도의 삶과 사역을 부활로 입증하셨습니다. 부활을 믿는다면, 예수님이 하나님의 아들이시라는 주장을 무시할 수 없습니다. 하지만 부활을 부정한다면, 계속해서 예수님을 거부할 수 있습니다. 이 때문에 부활은 인류 역사상 가장 중요한 사건입니다. 부활 사건은 역사의 경로를 바꾸었을 뿐만 아니라 한 사람의 영원한 운명을 바꿀 만한 능력이 있습니다. 믿기만 한다면 말입니다.

Q 예수님의 부활을 어떻게 믿게 되었습니까?

Q 믿음의 과정이 힘겨웠습니까? 그렇거나 그렇지 않다면, 그 이유는 무엇입니까?

Session Summary

예수님의 부활은 그분을 따르는 자들로 하여금 과거를 돌아보게 하고 미래를 내다보게 합니다. 부활 사건은 예수님이 자기 삶과 죽음과 부활을 통해 역사에서 행하신 일과 하나님이 우리를 구원하시고 영적으로 세우신 일을 가리킵니다. 그와 동시에 예수님의 부활은 그리스도께서 재림하실 때 우리가 경험하게 될 죄에 대한 최후의 승리와 주님에 대한 우리 믿음의 최종적 완성을 내다보게 합니다.

1. 그리스도의 부활은 좋은 소식입니다(고전 15:1~11)

> Leader

고린도전서 15장은 복음서와 로마서에서 나타난 부활에 관한 묘사와 논의, 더불어 부활에 관한 성경적 이해에 도움이 되는 본문입니다. 아울러 부활이 우리 믿음과 일상생활에 던지는 함축적인 의미를 발전시키는 데 핵심이 되는 본문입니다.

*1형제들아 내가 너희에게 전한 복음을
너희에게 알게 하노니 이는 너희가 받
은 것이요 또 그 가운데 선 것이라 2너
희가 만일 내가 전한 그 말을 굳게 지
키고 헛되이 믿지 아니하였으면 그로
말미암아 구원을 받으리라 3내가 받은
것을 먼저 너희에게 전하였노니 이는
성경대로 그리스도께서 우리 죄를 위
하여 죽으시고 4장사 지낸 바 되셨다가 성경대로 사흘 만에 다시 살아나사 5게바
에게 보이시고 후에 열두 제자에게와 6그 후에 오백여 형제에게 일시에 보이셨
나니 그중에 지금까지 대다수는 살아 있고 어떤 사람은 잠들었으며 7그 후에 야
고보에게 보이셨으며 그 후에 모든 사도에게와 8맨 나중에 만삭되지 못하여 난
자 같은 내게도 보이셨느니라 9나는 사도 중에 가장 작은 자라 나는 하나님의 교
회를 박해하였으므로 사도라 칭함 받기를 감당하지 못할 자니라 10그러나 내가
나 된 것은 하나님의 은혜로 된 것이니 내게 주신 그의 은혜가 헛되지 아니하여
내가 모든 사도보다 더 많이 수고하였으나 내가 한 것이 아니요 오직 나와 함께
하신 하나님의 은혜로라 11그러므로 나나 그들이나 이같이 전파하매 너희도 이
같이 믿었느니라*

심화 주석 바울은 부활의 역사적 증인들을 열거합니다(고전 15:5~8). 여기에는 '게바'(참조, 눅 24:34)와 '열두 제자'(유다를 제외한 사도들의 일반적인 이름)와 예수님이 일시에 보이셨던 '오백여 형제'가 포함됩니다. 이 마지막 현현은 복음서에는 기록되어 있지 않지만, 이 사건이 일어났던 사실을 의심할 이유는 없습니다. 복음서가 예수님의 모든 현현을 기록했다고 주장하지 않기 때문입니다. 더욱이 바울이 이 글을 썼던 당시에는 증인들 대부분이 살아 있었으므로 사람들이 그 사실 여부를 확인할 수 있었습니다. 예수님은 '야고보'(예수님의 동복형제)와 '모든 사도'(매우 광범위하게 쓰이던 용어. 참조, 고전 12:28)에게도 나타나셨습니다. 예수님은 바울에게 맨 나중에 나타나셨습니다. 바울은 자신을 "만삭되지 못하여 난 자"(고전 15:8)로 묘사합니다. 이 말은 다메섹 도상에서 그가 경험했던 기적적이고도 즉각적인 회심이 부활하신 그리스도를 만나는 일반적인 방법은 아니었다는 사실을 의미합니다.[2]

_다콜롬 다티리

심화 주석 바울은 고린도 교인들이 마땅히 기억해야만 할 것들을 상기시키며 시작합니다. 그는 마치 그들이 이 사실에 관해 한 번도 들어본 적이 없다는 듯이 지식(그노시스)에 관해 그들이 가장 즐겨 쓰던 표현대로 '너희에게 알게 하노니'라고 반어법적으로 말합니다(1절). 그러나 그들은 처음 그리스도인이 되었을 때, 이 사실을 믿었으며 오직 육체적으로 부활하신 예수님을 믿음으로써 그들의 신앙의 진정성을 입증하고 끝까지 인내할 수 있었습니다(2절).[3]

_크렉 블롬버그

"그분은 일몰을 일출로 바꾸셨고, 십자가를 통해 우리를 죽음에서 생명으로 인도하셨습니다. 그분은 인간을 파멸에서 끄집어내어 하늘로 데려가시고 죽음에 영원을 이식하시며, 이 땅을 천국으로 바꾸어 놓으십니다."[4]

_알렉산드리아의 클레멘스

> Leader

바울은 고린도에 보내는 첫 번째 편지에서 이 부분까지 당시 고린도 교회에서 계속되고 있던 여러 죄와 분쟁들을 다룹니다. 그리고 이 모든 문제를 해결할 위대한 해독제인 복음을 상기시킴으로써 편지를 마무리합니다. 그는 그리스도의 부활을 포함하는 복음의 필수적인 내용에 관한 높은 수준의 관점에서부터 시작합니다.

바울이 복음에 관해 "너희에게 알게 하노니"라고 말하는 것이 이상하게 들릴지도 모릅니다. 특히 신자들에게 쓰는 편지이므로 더욱 이상합니다. 서두에서 바울은 "고린도에 있는 하나님의 교회 곧 그리스도 예수 안에서 거룩하여지고 성도라 부르심을 받은 자들"(고전 1:2)에게 이 편지를 보낸다고 했습니다. 그들은 복음을 받았으나 복음이 모든 삶의 중심이라는 사실을 상기해야 했습니다.

예수님의 복음은 그리스도와 관계를 맺고 새 생명을 얻게 하는 시작일 뿐만 아니라, 그리스도 안에서 사는 삶의 틀이 됩니다. 고린도 교회는 복음에 따라 살지 않았습니다. 그들은 교회 안에서 분쟁, 성적 부도덕, 온갖 종류의 사랑(특히 영적 은사, 지식, 웅변술, 지위)과 탐욕, 우상숭배를 경험했습니다. 달리 말하자면, 그들은 예수 그리스도의 복음이 아닌 다른 것들 위에 자기 삶과 소망과 지위를 구축하고 있었던 것입니다.

그래서 바울이 그들에게 복음을 상기시키며 "그리스도 예수 안에서 거룩하여진" 사람처럼 살라고 부드럽게 책망했던 것입니다. 그가 1~2절에서 한 말의 전개 과정에 주목하십시오.

- "너희가 받은 것이요"(과거의 회심): 복음은 예수님의 완전한 삶과 희생적인 죽음과 승리의 부활을 통해 우리가 하나님 앞에 바로 설 수 있게 되었다는 좋은 소식입니다.
- " 또 그 가운데 선 것이라"(현재의 성화): 우리는 계속해서 복음 위에 서 있어야 합니다. 복음은 우리 감정과 동기와 자기이해와 정체성을 계속해서 재정립해 줍니다. 성인(聖人)이란, 죄로 쓰러지면서도 성령님의 능력으로 다시 일어서는 사람입니다.
- "그로 말미암아 구원을 받으리라"(미래의 영화): 복음은 새로운 나라, 즉 새로운 세상의 도래를 선포합니다. 미래 구원의 약속은 신자들에게 빼앗길 수 없는 소망을 줍니다.

그러므로 꼭 붙드십시오! 좋은 소식을 기억하십시오. 믿음 안에서 자랄수록 복음을 더욱 필요로 하게 됩니다. 복음으로 돌아와서 복음을 마음에 적용하고 또 적용하는 것이 믿음 안에서 자라나는 방법입니다. 복음을 넘어서야 자라는 게 아니라 복음에 더 깊이 들어감으로써 그리스도 안에서 자라나게 됩니다.

Q **복음이 나의 과거와 현재와 미래의 삶에 끼치는 영향은 무엇입니까?**

> Leader

사람들은 전설적인 농구 선수 래리 버드가 복잡한 기술을 어떻게 그토록 간단하게 구사했는지 궁금해했습니다. 그의 대답은 "기본 원칙을 결코 건너뛰지 않는다"라는 것이었습니다. 버드는 훈련할 때 기본기를 꼼꼼하게 다짐으로써 경기에서 세련된 기술을 사용할 수 있었습니다.

바울은 일상생활에서 복음을 기억하지 않는 것에 관해 고린도 교인들을 부드럽게 책망한 후 복음이 가장 중요한 핵심이라고 말했습니다. 복음의 세부 내용은 우리가 절대 건너뛰어서는 안 될 믿음의 '기본기'입니다. 이것이 바로 우리가 매일 묵상해야 하는 '기본기'입니다.

복음을 듣는 것이 얼마나 중요한지를 간과해서는 안 됩니다. 우리는 종종 자신이 직접 일을 처리하고 복음이 아닌 다른 방법으로 자신을 변화시키려고 노력하거나, 하나님이 우리를 성장시키시는 속도에 조바심을 내곤 합니다. 그러나 우리는 복음을 통해 우리 삶을 변화시키시는 하나님의 핵심적인 방법에서 절대로 벗어나지 않아야 하며 그것에 대해 감사해야 합니다. 이 진리를 끊임없이 상기할 필요가 있습니다.

매일 기억해야 할 복음의 기본 내용은 무엇입니까? 바울이 단계별로 분석했습니다.

첫째, "성경대로 그리스도께서 우리 죄를 위하여 죽으시고"(3절). 이 진술은 죄 문제를 전제합니다. 세상이 죄를 다루는 방법은 '재정의'입니다. 세상은 옳고 그름을 재정의함으로써 기준을 바꾸고자 합니다. 그러나 하나님이 죄를 다루시는 방법은 '구속'입니다. 예수님은 우리를 대신해 죽으심으로 우리가 지불해야 할 죗값을 치르시고 우리를 죄에서 구속해 주셨습니다. 존 스토트는 "우리가 십자가를 우리를 위해 행해진 어떤 것으로 보기 전에 … 우리로 인해 행해진 무언가를 먼저 봐야 한다"라고 말했습니다.[5]

둘째, 예수님은 무덤에 장사되셨습니다(4절). 바울은 그리스도께서 죽으셨다는 사실을 확증합니다. 죄의 삯은 사망입니다(롬 6:23). 예수님은 십자가 위에서 죄에 대한 하나님의 진노를 받으셨고, 그 진노를 무덤까지 가져가셨습니다.

"복음은 단지 신학적으로뿐만 아니라 실질적으로도 영향을 끼쳐야 합니다. 설교에서 양육에 이르기까지, 좋은 소식은 이들 분야에서도 그리스도께 영광을 돌리는 방식으로 어떻게 기능할지에 관한 청사진을 제공합니다."[6]
_재키 힐 페리

핵심교리 **99** **96. 부활**

구약과 신약은 모두 신자가 어느 날 죽은 자 가운데서 살아나는 육신의 부활을 경험할 것이라고 가르칩니다(사 26:19; 겔 37:12~14; 요 11장). 부활의 약속은 죽은 자 가운데서 다시 사신 그리스도 안에서 발견되며, 그리스도의 재림 때 이루어질 것입니다. 그리스도께서 부활의 첫 열매가 되셨기에 그리스도인들은 자신들의 부활도 그리스도의 부활과 본질적으로 비슷하리라고 확신할 수 있습니다. 즉 전인적으로 영광스럽게 부활하리라고 말입니다(빌 3:20~21; 롬 8:22~23). 장차 일어날 부활의 소망은 그리스도의 죽음과 부활로 사망이 패했다는 확신을 줍니다.

셋째, 예수님은 성경대로 사흘 만에 다시 살아나셨습니다(4절). 예수님은 부활하셨고, 살아 계십니다. 여기서 쓰인 동사의 시제는 예수님의 부활이 과거에 일어난 일이지만, 그 상태가 지속적이라는 의미를 나타냅니다. 예수님은 현재도 미래도 영원히 살아 계십니다! 예수님은 무덤에서 나오셔서 죄에서의 자유와 장차 있을 부활에 관한 소망을 확증하셨습니다. 죄와 죽음을 이기신 것입니다!

넷째, "게바에게 보이시고 후에 열두 제자에게와 그 후에 오백여 형제에게 일시에 보이셨나니 … 야고보에게 … 모든 사도에게와 … 내게도 보이셨느니라"(5~8절). 예수님은 영적 존재의 애매한 형태로 계신 것이 아닙니다. 육체적으로 죽으셨던 것처럼 예수님의 부활 또한 몸의 부활이었습니다. 여기서 열거되는 증인들이 이 좋은 소식을 증거하고 있습니다.

> Leader

바울은 이 글을 쓰면서 회의론자들에게 부활 사건의 진실을 목격했던 증인들에게 물어보라고 권합니다. 그리스도께서는 우주의 어느 어두운 구석에서 몰래 죽은 자들 가운데서 다시 살아나신 것이 아닙니다. 그분의 죽음에 이온 부활 소식은 온 세상을 향해 선포되는 좋은 소식이었습니다. 주님을 믿는 자는 누구든지 구원받을 수 있습니다.

심화 주석 바울은 고린도전서 15장 12~19절에서 그리스도의 부활이 없었다는 주장의 논리적 함축을 드러내기 위해 고린도 교인들이 죽은 자의 부활을 부인한 것과 그리스도께서 다시 살아나셨다는 교리의 상관관계를 보여 줍니다. 그는 그리스도께서 부활하지 않으셨다는 첫 번째 도미노가 쓰러지면, 차례로 쓰러지게 되는 일종의 신학적 도미노를 세웁니다. '핵심 사안은 바울이 자명하다고 간주했던 연결입니다. 즉 그리스도의 부활은 죽은 자들의 부활을 포함하는 종말론적인 영역에서 깔끔하게 제거될 수 없다는 것입니다(고전 15:13).' 그리스도의 부활은 죽은 자들의 부활을 수반합니다.[7]

_데이비드 갈런드

Q 그리스도의 부활을 좋은 소식으로 여기는 이유는 무엇입니까?

Q 예수님의 부활은 우리 삶을 변화시키는 복음의 능력을 어떤 식으로 나타냅니까?

2. 그리스도의 부활은 진리입니다(고전 15:12~19)

> Leader

기독교가 전하는 메시지 전체가 예수님이 죽음에서 부활하셨다는 진리에 달려 있다는 사실을 기억하십시오. 예수님이 부활하시지 않았다면, 우리는 여전히 죄 가운데 있을 것입니다. 예수님이 부활하시지 않았다면, 우리의 삶은 죽음으로 끝을 맺었을 것입니다. 이런 의미에서 우리 삶이 복음을 입증하는 것이 아니라 복음이 우리 삶을 입증하고 변화시키는 것입니다. 그리스도의 죄 없는 삶과 희생적인 죽음 등 복음의 모든 측면이 중요합니다. 그러나 부활이야말로 복음 전체를 향한 가장 큰 확신과 소망을 우리에게 안겨 줍니다. 이것이 바로 본문에서 바울이 부활에 초점을 맞추었던 이유입니다. 부활이 삶을 변화시키는 수단이기 때문입니다.

[12]그리스도께서 죽은 자 가운데서 다시 살아나셨다 전파되었거늘 너희 중에서 어떤 사람들은 어찌하여 죽은 자 가운데서 부활이 없다 하느냐 [13]만일 죽은 자의 부활이 없으면 그리스도도 다시 살아나지 못하셨으리라 [14]그리스도께서 만일 다시 살아나지 못하셨으면 우리가 전파하는 것도 헛것이요 또 너희 믿음도 헛것이며 [15]또 우리가 하나님의 거짓 증인으로 발견되리니 우리가 하나님이 그리스도를 다시 살리셨다고 증언하였음이라 만일 죽은 자가 다시 살아나는 일이 없으면 하나님이 그리스도를 다시 살리지 아니하셨으리라 [16]만일 죽은 자가 다시 살아나는 일이 없으면 그리스도도 다시 살아나신 일이 없었을 터이요 [17]그리스도께서 다시 살아나신 일이 없으면 너희의 믿음도 헛되고 너희가 여전히 죄 가운데 있을 것이요 [18]또한 그리스도 안에서 잠자는 자도 망하였으리니 [19]만일 그리스도 안에서 우리가 바라는 것이 다만 이 세상의 삶뿐이면 모든 사람 가운데 우리가 더욱 불쌍한 자이리라

바울은 복음의 중요성과 본질을 설명한 후에 고린도 교회에 퍼지고 있던 거짓 가르침으로 관심을 돌립니다. 그것은 죽은 자 가운데서의 부활이 없다는 거짓 가르침이었습니다. 그러나 그리스도 안에서 죽은 자들이 부활하지 않을 것이라고 말하는 것은 예수님의 부활을 무능력한 허구적 행위로 보는 것입니다. 이 잘못된 가르침을 대적하고, 부활이 복음에 미치는 영향력을 보여 주기 위해 바울은 "만일/그렇다면"으로 이어지는 인과율의 논리적 사슬을 만들어 냈습니다.

- 만일 죽은 자의 부활이 없다면, 그리스도 또한 죽은 자 가운데서 다시 살아나시지 못했을 것이다(13, 16절).
- 그리스도께서 죽은 자 가운데서 다시 살아나지 않으셨다면, 우리는 여전히 죄 가운데 있을 테니 복음 메시지와 믿음이 헛될 것이다(14, 17절).
- 그리스도께서 죽은 자 가운데서 다시 살아나지 않으셨는데도 우리가 그리스도께 소망을 두었다면, 우리는 모든 사람 가운데서 가장 불쌍한 자들이다(19절).

Q 그리스도께서 죽은 자 가운데서 살아나지 않으셨는데도 우리가 그리스도께 소망을 두고 있다면 우리는 가장 불쌍한 사람들이라고 바울이 말한 이유는 무엇일까요?

심화 주석 바울은 죽은 자들이 죽자마자 부활하는 것이 아니라 곧바로 주님께 가서 그분과 함께한다고 믿었지만(고후 5:8; 빌 1:21, 23), 신자들이 몸으로도 영원한 존재가 된다고 생각했습니다. 만일 이런 실재가 존재하지 않는다면 영생도 없을 것입니다.[8]

_프랭크 S. 티엘만

"그리스도와의 연합은 그분의 죽음과 동일시되는 것뿐만 아니라 그분의 부활에도 참여하는 것입니다."[9]

_아더 핑크

심화토론

예수님의 부활과 우리 부활에 관한 약속은 우리 육체를 포함한 피조 세계를 생각하고 다루는 방식에 어떤 영향을 줄 수 있습니까?

"그리스도께서 모든 원수를 물리쳐 이기셨음이 확실합니다. 주님은 십자가에서 대적에게 최후의 일격을 가하셨고 부활로 전리품을 취하셨으며, 하늘에 오르실 때 의기양양하게 그들을 이끄셨습니다. 자기 보좌에 평화로이 앉으심으로써 그 백성이 모든 유익을 누립니다."[11]
_토마스 보스턴

심화 주석 "첫 열매"라는 개념은 구약에서 비롯되었습니다. 레위기 23장 9~14절에서 이 용어는 하나님께 제물로 바쳐졌던 수확의 일부를 묘사할 때 사용되었습니다. 시간상의 순서와 대표성의 측면이 강조됩니다. 즉 그리스도께서 죽은 자들 가운데서 처음으로 부활하셨고, 뒤이어 부활할 몸들을 대표하십니다. 첫 열매의 비유는 '선금'이나 '보증'의 비유(고후 1:22; 5:5; 엡 1:14), 또는 '맏아들'의 비유와 유사한 기능을 합니다. 티슬턴은 '첫 열매'의 세 가지 강조점을 다음과 같이 유용하게 요약했습니다. (1) 시간상으로 앞선 권위, (2) 동일한 성질이나 특징의 대표성, (3) 장차 유사한 열매가 더 많이 맺어지리라는 약속 혹은 보증.[12]
_마크 테일러

> Leader
예수님의 육체적 부활은 초대교회 시절부터 교회의 가르침과 설교의 핵심적인 주제였습니다. 초대교회가 태동하던 시기에 베드로는 오순절에 "하나님께서 그[예수]를 사망의 고통에서 풀어 살리셨으니 이는 그가 사망에 매여 있을 수 없었음이라"(행 2:24)라고 담대하게 선포했습니다. 십자가와 부활 사건이 있은 지 불과 몇 주 만에 선포되었던 말씀임을 기억하십시오. 만일 베드로의 가르침이 거짓이었다면, 유대나 로마제국의 권력자들은 그의 가르침을 반박할 기회가 충분히 있었습니다. 그러나 당연하게도 그들은 설득력 있게 반증할 명쾌한 논거를 제시하지 못했습니다.[10]

바울은 고린도 교회의 일부 교인이 예수 그리스도의 '영적' 부활을 믿은 점을 지적합니다. '영적' 부활만으로는 충분하지 않습니다. 성경은 예수님의 육체적 부활과 장차 있을 신자들의 육체적 부활을 연결합니다. 하나를 부인하면, 다른 하나도 부인해야 합니다. 복음의 각 요소는 하나로 촘촘히 짜여 있습니다.

좋아하는 어떤 음식을 만들 때 중요한 재료를 빠드리고 만든나면 더 이상 그 음식이 아닙니다. 복음에서 기본적인 요소가 빠진다면, 마찬가지 일이 벌어질 것입니다. 더 이상 좋은 소식이 아닌 것입니다. 만일 죄 없으신 그리스도의 순종하는 삶이 복음에서 빠진다면, 그분의 의를 덧입을 수 없게 됩니다. 만일 그리스도의 육체적 죽음이 복음에서 빠진다면, 우리 죗값은 치러지지 않은 채로 남게 됩니다. 그리고 만일 그리스도의 부활이 복음에서 빠진다면, 복음은 더 이상 좋은 소식이 아닙니다. 예수님이 사흘 만에 부활하리라고 말씀하셨는데, 부활이 없다면 예수님 자신이 거짓말쟁이가 되시기 때문입니다. 만일 그리스도께서 죽은 자들 가운데서 다시 살아나지 않으셨다면, 그리스도인인 우리는 가장 불쌍한 자들입니다.

Q 바울이 예수님의 부활의 중요성을 강조한 것에 비추어 보면, 우리는 어떠한 마음으로 부활절을 맞이해야 합니까?

3. 우리 부활은 이미 보장되었습니다(고전 15:20~28)

> Leader
창조, 타락, 구속, 회복이라는 틀은 성경을 관통하는 가장 중요한 복음 이야기입니다. 창세기부터 요한계시록에 이르기까지 이 틀이 온 세계에서 벌이시는 하나님의 역동적 사역을 우리가 이해하는 데 중요한 역할을 합니다. 고린도전서 15장

에서 바울이 그다음으로 중점을 두었던 것은 바로 이 틀의 마지막 부분인 회복입니다.

회복이란 장차 하나님이 자기 계획대로 만물을 회복시키실 때, 예수님이 담당하실 미래 사역입니다. 회복은 완성과 복구에 관한 것입니다. 즉 복음 이야기가 완성되는 것과 만물이 창세기 1~2장에서 하나님이 선하게 창조하셨던 그때로 복구되는 것을 말합니다. 하나님의 사역이 온통 이 끝을 향해 움직이고 있습니다. 언젠가는 타락한 만물의 끝이 올 것입니다. 그러나 그것은 끝이 아니라 새로운 시작입니다. 그리스도께서 만유가 되시는 새로운 시작 말입니다.

20그러나 이제 그리스도께서 죽은 자 가운데서 다시 살아나사 잠자는 자들의
첫 열매가 되셨도다 21사망이 한 사람으로 말미암았으니 죽은 자의 부활도 한
사람으로 말미암는도다 22아담 안에서 모든 사람이 죽은 것같이 그리스도 안에
서 모든 사람이 삶을 얻으리라 23그러나 각각 자기 차례대로 되리니 먼저는 첫
열매인 그리스도요 다음에는 그가 강림하실 때에 그리스도에게 속한 자요 24그
후에는 마지막이니 그가 모든 통치와 모든 권세와 능력을 멸하시고 나라를 아
버지 하나님께 바칠 때라 25그가 모든 원수를 그 발아래에 둘 때까지 반드시 왕
노릇 하시리니 26맨 나중에 멸망받을 원수는 사망이니라 27만물을 그의 발아래
에 두셨다 하셨으니 만물을 아래에 둔다 말씀하실 때에 만물을 그의 아래에 두
신 이가 그중에 들지 아니한 것이 분명하도다 28만물을 그에게 복종하게 하실
때에는 아들 자신도 그때에 만물을 자기에게 복종하게 하신 이에게 복종하게
되리니 이는 하나님이 만유의 주로서 만유 안에 계시려 하심이라

여기서 바울은 예수님을 부활의 "첫 열매"(20절)로 묘사합니다. "첫 열매"는 부활할 자가 예수님 한 분만이 아니라는 사실을 암시하므로 믿음에 도움이 되는 말입니다. 첫째가 있다는 것은 적어도 두 번째도 있다는 뜻이기 때문입니다. 앞으로 더 많은 열매가 맺힐 것입니다!

바울은 이 표현을 사용함으로써 구약의 개념을 가져왔습니다. 구약성경에는 하나님이 모든 곡물을 거두게 하셨다는 것을 인정하는 뜻으로 곡물의 첫 이삭 한 단을 가져다가 제물과 맹세로 드리는 것이 자세히 묘사되어 있습니다(레 23:9~14). 하나님께 이만큼만 드릴 뿐이지만, 나머지가 다 주님의 것이며 주님의 영광을 위해 사용될 것을 의미하는 것이었습니다.[13] 똑같은 방식으로 예수님의 부활도 장차 있을 부활, 즉 우리 부활의 시작이었던 것입니다. 예수님은 부활이라는 곡물의 첫 이삭 한 단이 되셨고, 그분

심화 주석 고대 그리스에서 '아파르케'는 종종 사건의 시작과 관련해서 사용되었고, '출생증명서'의 공식 명칭이기도 했습니다. 헬라어로 번역된 구약성경에서 아파르케는 '첫 열매'에 해당하는 용어였습니다. 이스라엘 백성들은 수확의 '첫 열매'를 주님께 바치기 위해 제사장에게 가져가야 했습니다(출 23:16~29; 레 23:9~14). 신약에서 아파르케는 여덟 곳에서 쓰였는데, 그중 일곱 곳에서 사람들을 첫 열매로 가리킬 때 비유적으로 사용되었습니다(롬 11:16 제외). 바울은 특정 지역의 첫 번째 회심자들을 지칭하기 위해 아파르케를 두 번 사용했습니다(롬 16:5; 고전 16:15). 종말에 신자들의 특별한 무리도 '처음 익은 열매'로 불립니다(계 14:4). 신자들은 성령님을 구원의 "처음 익은 열매"로 받는데(롬 8:23), 이 사건은 하나님 말씀의 능력으로 일어납니다(약 1:18). 바울은 부활에 관해 토론하면서 그리스도를 "잠자는 자들의 첫 열매"로 언급합니다(고전 15:20). 그리스도께서 죽은 자들 가운데서 처음으로 부활하셨으므로(23절), 그분의 부활이 모든 신자의 부활의 근거가 됩니다.[14]

_F. 알란 톰린슨

"하늘과 땅이 새롭게 된다면, 하늘과 땅이 지어진 이유인 인간이 새롭게 되리라는 것을 왜 의심합니까? 죄인에게 심판이 예비되어 있다면, 의인에게는 영광이 예비되어 있어야 하지 않겠습니까? 죄의 구더기도 죽지 않는다면, 의의 육체가 어떻게 멸망하겠습니까? 부활이라는 말에서 알 수 있듯이 그것은 쓰러진 것이 다시 일어서고 죽은 것이 다시 살아나는 것을 의미합니다."[16]
_밀라노의 암브로시우스

의 부활은 나머지 부활이 뒤이을 것을 보증한 것입니다. 예수님의 부활은 언젠가는 완전히 실현될 새 나라를 이룰 부활의 계획된 행진을 촉발시켰습니다. 이것은 신자인 우리에게는 환상적인 현실입니다.

> Leader

대형 마트들이 생겨나기 전에는 과일을 임의로 시식하고는 했습니다. 예를 들어 포도송이에서 몇 알을 맛본 후, 괜찮으면 그 송이를 구입했습니다. 이 이야기는 예수님이 어떻게 그분의 뒤를 이어 부활할 사람들의 원형이 되시는지를 이해하는 데 도움을 줍니다. 요한일서 3장 2절은 "사랑하는 자들아 우리가 지금은 하나님의 자녀라 장래에 어떻게 될지는 아직 나타나지 아니하였으나 그가 나타나시면 우리가 그와 같을 줄을 아는 것은 그의 참모습 그대로 볼 것이기 때문이니"라고 말합니다. 예수님은 순서상 첫 열매이실 뿐만 아니라 질적으로도 으뜸이십니다.

Q 장차 있을 부활은 일상생활 속에서 우리의 생각이나 감정이나 행동에 어떤 영향을 줍니까?

바울이 묘사한 부활의 순서는 서열에 따라 진행됩니다. 먼저는 서열이 가장 높으신 그리스도께서 부활하십니다. 그 후에 그리스도께 속한 자들이 부활할 것입니다. 여기서 예수님의 부활이 주님 안에 있는 모든 사람의 부활의 개시를 알린다는 것을 알 수 있습니다. 아담의 후손으로 태어난 자는 모두 아담처럼 죽습니다. 그러나 예수님의 가족으로 다시 태어난 자는 예수님이 다시 살아나신 것처럼 다시 살아날 것입니다. 만일 그리스도께서 다시 살아나셨다면, 주님이 재림하실 때 그리스도께 속한 사람들이 일어나게 되리라는 것을 확신할 수 있습니다(살전 4:16~17). 그 후에 예수님은 새롭게 된 나라를 하나님 아버지께 다시 돌려 드릴 것입니다(참조, 롬 8:18~25). 언젠가는 하나님 아버지께서 모든 피조 세계를 친히 다스리실 것입니다.

> Leader

바울의 편지에서 고린도 교인들을 괴롭힌 것은 바로 이런 생각이었는지도 모릅니다. "로마제국의 황제, 원로원, 지방 총독, 군대, 법관 등 그동안 익숙했던 권위 체계는 모두 사라질 것이다. 그들이 사는 동안, 지중해 세계에 평화를 가져왔던 이 체계는 더 이상 존재하지 않게 될 것이다."[15] 그러나 그 대신에 하나님이 만물을 친히 다스리실 것이며, 만물이 주님께 종속될 것입니다.

만물이 다시 본래의 마땅한 모습을 되찾을 것이고 죄와 죽음은 더 이상 없을 것입니다. 이것은 강력한 진리이자 큰 소망이며 우리가 바라는 모든 것의 정점입니다.

Q 장차 있을 부활의 소망과 그리스도를 통한 만물의 회복이 오늘날 우리의 복음적인 노력에 어떤 영향을 끼칩니까?

"부활을 믿는 사람들, 즉 하나님이 완전히 새로운 세상을 만드셔서 만물이 마침내 바로 서게 되리라는 사실을 믿는 사람들은 지금도 그 새로운 세상을 위해 일하는 것을 멈출 수 없도록 동기를 부여받습니다."[17]
_톰 라이트

결론

> Leader

예수님의 부활을 축하하는 것은 기독교 신앙의 절정이며, 우리에게 그 의미를 깊이 생각할 기회를 줍니다. 고린도 교회에 쓴 바울의 글에서 보았듯이, 예수님의 빈 무덤에는 우리의 과거와 현재와 미래의 의미가 담겨 있습니다. 부활은 그리스도가 누구이시며, 하나님의 영광을 위해 주님이 성취하신 일이 무엇인지를 돌아보게 합니다. 부활은 오늘날 우리가 주님 안에서의 정체성에 비추어 어떻게 살아가야 할지를 알려 줍니다. 또한 그리스도께서 재림하실 그날에 우리 관심이 모아지도록 합니다. 그날에 우리는 자신의 부활을 경험하게 될 것이며, 만물은 새롭게 될 것입니다.

부활은 그리스도에 대한 믿음에 확신과 소망을 더합니다. 그러나 부활은 전적으로 우리에게만 관련된 것이 아닙니다. 눈을 들어 주위를 살피고, 예수님의 구원을 절실히 필요로 하는 사람들을 돌아보아야 하는 의미가 있기도 합니다. 예수님의 부활을 축하하면서 부활을 경탄하고 즐거워합시다. 마땅히 그래야 합니다. 그러나 그와 동시에 우리를 둘러싼 세상에 가슴 아파하고, 세상 곳곳에 있는 많은 사람에게 이 좋은 소식을 선포할 것을 결심합시다.

그리스도와의 연결

예수님의 부활은 단순히 과거에 일어난 기이한 사건에 그치는 것이 아니라 하나님이 약속하신 새로운 세계의 시작을 나타냅니다. 예수님의 부활은 그분의 백성에게 장차 임할 부활의 첫 열매이며, 하나님 나라가 이 땅에 온전히 임할 것에 대한 보장이고 언젠가 영원히 패망하게 될 죽음의 관에 첫 번째 못을 박은 사건입니다.

하나님의 계획 우리의 사명

선교적 적용 하나님은 그리스도의 부활의 진리를 꽉 붙잡고 그리스도의 재림에 대한 원대한 소망을 품고 복음을 전하라고 우리를 부르십니다.

1. 믿지 않는 사람에게 복음을 어떻게 설명할 수 있습니까?
2. 교회/공동체에서 부활의 중요성을 계속해서 강조해야 하는 이유는 무엇입니까?
3. 예수님의 부활과 그것이 우리 삶에 의미하는 바에 관해 하나님께 드리는 감사 기도문을 써 보십시오.

금주의 성경 쓰기
행 1:6~11;
롬 10:9~10;
고전 15:3~8; 12~26

appendix

부록 1

이사야의 메시아 예언과 성취

구약의 예언	신약의 성취
• 처녀가 잉태하여 아들을 낳을 것이요 그의 이름을 임마누엘이라 하리라(사 7:14)	• 이 모든 일이 된 것은 주께서 선지자로 하신 말씀을 이루려 하심이니 이르시되 보라 처녀가 잉태하여 아들을 낳을 것이요 그의 이름은 임마누엘이라 하리라 하셨으니 이를 번역한즉 하나님이 우리와 함께 계시다 함이라(마 1:22-23)
• 그러므로 주께서 친히 징조를 너희에게 주실 것이라 보라 처녀가 잉태하여 아들을 낳을 것이요 그의 이름을 임마누엘이라 하리라(사 7:14)	• … 그의 어머니 마리아가 요셉과 약혼하고 동거하기 전에 성령으로 잉태된 것이 나타났더니(마 1:18)
• 그의 위에 여호와의 영 곧 지혜와 총명의 … 영이 강림하시리니(사 11:2)	• 예수는 지혜와 키가 자라가며 하나님과 사람에게 더욱 사랑스러워 가시더라(눅 2:52)
• 그는 강포를 행하지 아니하였고 그의 입에 거짓이 없었으나 그의 무덤이 악인들과 함께 있었으며 그가 죽은 후에 부자와 함께 있었도다(사 53:9)	• 그는 죄를 범하지 아니하시고 그 입에 거짓도 없으시며(벧전 2:22)
• 주 여호와의 영이 내게 내리셨으니 이는 여호와께서 내게 기름을 부으사 가난한 자에게 아름다운 소식을 전하게 하려 하심이라 …(사 61:1)	• … 가난한 자에게 복음이 전파된다 하라(마 11:5)
• 그가 곤욕을 당하여 괴로울 때에도 그의 입을 열지 아니하였음이여 …(사 53:7)	• 빌라도가 또 물어 이르되 아무 대답도 없느냐 그들이 얼마나 많은 것으로 너를 고발하는가 보라 하되 예수께서 다시 아무 말씀으로도 대답하지 아니하시니 빌라도가 놀랍게 여기더라(막 15:4~5)
• 나를 때리는 자들에게 내 등을 맡기며 나의 수염을 뽑는 자들에게 나의 뺨을 맡기며 모욕과 침 뱉음을 당하여도 내 얼굴을 가리지 아니하였느니라(사 50:6)	• 어떤 사람은 그에게 침을 뱉으며 그의 얼굴을 가리고 주먹으로 치며 이르되 선지자 노릇을 하라 하고 하인들은 손바닥으로 치더라(막 14:65)
• … 그가 … 범죄자 중 하나로 헤아림을 받았음이니라 …(사 53:12)	• 강도 둘을 예수와 함께 십자가에 못 박으니 하나는 그의 우편에, 하나는 좌편에 있더라(막 15:27)
• … 그의 무덤이 … 그가 죽은 후에 부자와 함께 있었도다(사 53:9)	• … 아리마대의 부자 요셉이라 하는 사람이 … 예수의 시체를 달라 하니 … 요셉이 시체를 가져다가 … 자기 새 무덤에 넣어 두고 …(마 27:57-60)

• 그 정사와 평강의 더함이 무궁하며 또 다윗의 왕좌와 그의 나라에 군림하여 그 나라를 굳게 세우고 지금 이후로 영원히 정의와 공의로 그것을 보존하실 것이라 만군의 여호와의 열심이 이를 이루시리라(사 9:7)	• 그가 큰 자가 되고 지극히 높으신 이의 아들이라 일컬어질 것이요 주 하나님께서 그 조상 다윗의 왕위를 그에게 주시리니 • 영원히 야곱의 집을 왕으로 다스리실 것이며 그 나라가 무궁하리라(눅 1:32-33)
• 전에는 그의 모양이 타인보다 상하였고 그의 모습이 사람들보다 상하였으므로 많은 사람이 그에 대하여 놀랐거니와(사 52:14)	• … 군인들이 예수를 끌고 브라이도리온이라는 뜰 안으로 들어가서 온 군대를 모으고 예수에게 자색 옷을 입히고 가시관을 엮어 씌우고 경례하여 이르되 유대인의 왕이여 평안할지어다 하고 갈대로 그의 머리를 치며 침을 뱉으며 꿇어 절하더라 희롱을 다 한 후 자색 옷을 벗기고 도로 그의 옷을 입히고 십자가에 못 박으려고 끌고 나가니라(막 15:15-20)
• 그가 찔림은 우리의 허물 때문이요 그가 상함은 우리의 죄악 때문이라 그가 징계를 받으므로 우리는 평화를 누리고 그가 채찍에 맞으므로 우리는 나음을 받았도다(사 53:5)	• 이 예수를 하나님이 그의 피로써 믿음으로 말미암는 화목제물로 세우셨으니 이는 하나님께서 길이 참으시는 중에 전에 지은 죄를 간과하심으로 자기의 의로우심을 나타내려 하심이니(롬 3:25)

부록 2

신약성경에 나타난 구약성경의 말씀

하나님 하나님께 모든 무릎이 꿇고 모든 혀가 맹세할 것임 (사 45:22~23)	**예수님** 모든 무릎이 예수님 이름에 꿇고, 모든 입이 예수 그리스도를 주라 시인할 것임(빌 2:9~11)
바벨탑 하나님이 인류를 다양한 언어로 혼잡하게 하심 (창 11:1~9)	**오순절** 성령 충만으로 언어의 장벽을 극복함(행 2:1~13)
성령님에 대한 약속 하나님이 그분의 영을 온 인류에게 부어 주실 것임 (욜 2:28~32)	**성령님의 강림** 성령님의 약속이 성취됨(행 2:14~21)
메시아에 대한 반대 민족들이 여호와의 기름 부음 받은 자를 헛되이 대적함(시 2편)	**교회에 대한 반대** 메시아의 백성이 담대함을 위해서 기도함 (행 4:23~31)
모세와 같은 선지자 하나님이 그분의 말씀의 선지자를 일으키실 것을 약속하심(신 18:15~19)	**예수님** 사람들을 악한 길에서 돌이키시기 위해 하나님이 세우신 선지자이심(행 3:19~26)
아간과 그의 가족 하나님의 말씀에 불순종함으로 인해 돌에 맞아 죽음(수 7장)	**아나니아와 삽비라** 성령님을 속이고 하나님께 거짓말함으로 인해 바로 죽게 됨(행 5:1~11)
고난받는 종 백성을 위해 도수장으로 끌려가는 어린양과 같음 (사 53:7~8)	**예수님** 우리 죄의 대속을 위한 하나님의 희생양이심 (행 8:30~35)
주님 그분의 이름을 위해서 이스라엘 백성과 이방에게 선지자들을 보내심(렘 1장; 겔 2장)	**예수님** 그분의 이름을 이방인들과 임금들과 이스라엘 자손들에게 전하기 위해서 사울을 부르심 (행 9장; 22장; 26장)
주의 종 이방의 빛이자, 땅끝을 위한 구원자임(사 49:6)	**바울과 바나바** 주의 종인 예수님의 사역을 확장함(행 13:47)
다윗의 집 하나님의 이름으로 일컫는 만국이 포함될 것임 (암 9:11~12)	**교회** 예수님의 이름으로 일컬음 받는 이방인들이 포함됨 (행 15:14~19)
아담 온 인류의 조상으로서 하나님이 처음 지으신 인간임(창 1~2장)	**바울의 연결** 우상 숭배자는 참된 한 분 하나님께 예배를 드려야 함(행 17:24~29)

부록 3

출애굽에서 예수님 바라보기

여호와, 주님	>	"나는 스스로 있는 자" (출 3:14~15)	예수님	>	"나는 ~이다" (요 8:58)
모세	>	중재자 (출 32:11~14)	예수님	>	한 분 중보자 (딤전 2:5~6)
모세	>	선지자 (신 18:18~19)	예수님	>	선지자 (행 3:22~26)
이스라엘, 하나님의 장자	>	애굽에서 불러내심 (출 4:22~23)	그리스도, 하나님의 아들	>	성취 (마 2:15)
유월절 어린양	>	재앙으로부터 보호해 줌 (출 12장)	그리스도, 우리의 유월절	>	죄로부터 순전해짐 (고전 5:7~8)
만나	>	하늘에서 내린 양식 (출 16장)	예수님	>	생명의 양식 (요 6장)
광야의 반석	>	백성의 목마름을 해결하기 위해 내리쳐짐 (출 17장)	예수님	>	우리 구원을 위한 반석 (고전 10:4)
율법	>	모세를 통해 주어짐 (출 20~24장)	은혜와 진리	>	예수 그리스도를 통해 옴 (요 1:17)
성막	>	이스라엘과 함께 거하시는 하나님의 임시 거처 (출 40장)	예수님	>	말씀이 육신이 되어 우리 가운데 거하심 (요 1:14)
발람의 축복	>	야곱의 별, 이스라엘의 홀 (민 24:17)	예수님의 탄생	>	유대인의 왕이 탄생, 별이 예고함 (마 2:2)
율법의 저주	>	나무에 달린 자는 하나님의 저주를 받음 (신 21:22~23)	복음의 축복	>	그리스도께서 우리를 위한 저주가 되어 우리를 속량하심 (갈 3:13~14)

부록 4

왕 예수 그리스도

구약성경의 왕은 어떤 사람입니까?	
준수 사항	**금지 사항**
• 주님의 선택에 따라 임명되어야 함(신 17:15) • 이스라엘 백성 가운데서 세워져야 함(신 17:15)	• 이스라엘 민족이 아닌 외국인은 왕이 될 수 없음(신 17:15)
• 율법서의 등사본을 레위 사람 제사장 앞에서 책에 기록해야 함(신 17:18) • 평생 자기 옆에 두고 읽어 하나님 경외하기를 배우며 이 율법의 모든 말과 이 규례를 지켜 행해야 함(신 17:19)	• 자신을 위해 많은 말을 두어서는 안 됨(신 17:16) • 자신을 위해 많은 아내를 얻어 마음이 미혹되게 해서는 안 됨(신 17:17) • 자신을 위해 많은 은과 금을 쌓아 두어서는 안 됨(신 17:17) • 형제 위에 교만해서는 안 됨(신 17:20) • 주님의 명령에서 떠나면 안 됨(신 17:20)

예수님은 어떻게 하셨습니까?	
왕은 …	**예수님은 …**
• 율법서의 등사본을 레위 사람 제사장 앞에서 책에 기록해야 함(신 17:18)	• 권위로 가르치시고, 율법을 완전하게 하시며 율법과 예언들을 성취하심(마 5~7장)
• 평생 자기 옆에 두고 읽어 하나님 경외하기를 배우며 이 율법의 모든 말과 이 규례를 지켜 행해야 함(신 17:19)	• 마음에 율법을 새기시고, 율법 인용으로 마귀의 유혹을 이기심(마 4:1~11)
왕은 …	**예수님은 …**
• 자신을 위해 많은 말을 두어서는 안 됨(신 17:16)	• 예루살렘으로의 '승리의 입성'을 위해 나귀와 어린 나귀 새끼를 빌리심(마 21:1~11)
• 자신을 위해 많은 아내를 얻어 마음이 미혹되게 해서는 안 됨(신 17:17)	• 교회를 신부로 삼으심(계 21장)
• 자신을 위해 많은 은과 금을 쌓아 두어서는 안 됨(신 17:17)	• 머리를 둘 곳이 없으심(마 8:20)
• 형제 위에 교만해서는 안 됨(신 17:20)	• 섬김의 본으로 제자들의 발을 씻기심(요 13:1~17)
• 주님의 명령에서 떠나면 안 됨(신 17:20)	• 우리와 마찬가지로 모든 면에서 유혹을 받으셨지만 죄가 없으심(히 4:15)

예수님은 어떻게 해서 영원한 왕이십니까?	
다윗 언약	**다윗의 자손이신, 예수님**
• 주님은 다윗을 위해 집 곧 왕조를 세우시고, 왕좌에 앉을 후손을 일으키실 것임(삼하 7:11~12)	• 약속된 다윗의 자손이요, 메시아요, 왕이심(마 1:1~17)
• 다윗의 후손은 주님의 이름을 위해 여호와의 집 곧 성전을 지을 것임(삼하 7:13)	• 주님의 거룩을 위한 열심으로 성전을 깨끗하게 하심. 자기 자신을 삼 일 만에 일으킬 하나님의 성전으로 선포하심(요 2:13~22)
• 주님은 다윗의 후손에게 아버지가 되실 것이고, 그는 주님의 아들이 될 것임(삼하 7:14)	• 하나님의 사랑하는 아들이심(마 3:16~17; 17:5; 눅 1:30~33; 히 1:5)
• 주님은 다윗의 후손을 징계하시지만, 그들에게서 하나님의 신실하신 사랑을 거두지는 않으실 것임(삼하 7:14~15)	• 자기 양들을 위해 목숨을 버리는 선한 목자이시며, 죄로부터 그들을 구원하심. 그러므로 그들은 결코 하나님의 신실하신 사랑을 잃지 않을 것임(마 26:26~29; 요 10:11~18, 27~30)
• 다윗의 집과 나라가 영원히 보전되고, 그의 왕위가 영원히 견고할 것임(삼하 7:16)	• 예수님은 하늘과 땅의 모든 권세를 받으셨으며, 세상 끝날까지 제자들과 항상 함께하심(마 28:18~20; 눅 1:32~33)

태초부터 하나님은 자신의 형상을 지닌 피조물인 인간이 창조 질서를 다스리기를 기대하셨습니다. 그러나 그들은 죄로 인해 에덴동산에서 추방되었고, 세상을 다스리시는 만왕의 왕으로부터 분리되어 고통과 고난과 불의를 겪게 되었습니다. 하나님이 아브라함과 다윗에게 약속하신 것처럼, 언젠가 거룩하고 의로운 왕이신 예수님이 모든 것을 바로잡으러 오실 것입니다. 초림 때 하나님 아들의 완벽한 순종과 희생적 죽음은 부활로 입증되었으며, 주님은 하늘과 땅의 모든 권세를 받으셨습니다. 하나님 아버지의 오른편 보좌에서 대적들이 그의 발판이 되기까지(시 110:1), 주님은 하나님 나라의 복음을 선포하기 위해 자신의 대사들에게 성령을 부어 주십니다. 십자가에 못 박히시고 부활하신 왕께서는 죄와 죽음에서 승리를 얻으셨습니다. 그러므로 예수님의 평화가 그분을 따르는 자들을 다스리며, 예수님의 재림 때 모든 피조물 위에 머무를 것입니다.

부록
5

대제사장 예수 그리스도

제사장은 하나님과 백성 사이의 중재자로, 백성들이 하나님이 공급하신 은혜에 감사하거나 속죄하고자 할 때 백성을 대신해 예물과 희생 제사를 드리도록 하나님이 세우신 직분입니다.

구약성경에서 제사장은 어떤 사람입니까?

제사장의 자격	제사장의 임무
• 레위 자손 • 특별히 아론의 자손 • 주님께 성결 - 신체에 흠이 없어야 함 - 의례적으로 정결해야 함 - 규정된 제사를 드려 도덕적으로 정결해야 함	• 백성을 대신해 하나님께 희생 제사를 드림 • 하나님을 대신해 백성을 축복함 • 하나님의 율법을 백성에게 가르침

예수님은 어떻게 해서 제사장이셨습니까?

제사장의 자격	예수님은 …
• 레위 자손 • 특별히 아론의 자손 • 주님께 성결 - 신체적 흠이 없어야 함 - 의례적으로 정결해야 함 - 규정된 제사를 드려 도덕적으로 정결해야 함	• 왕, 메시아, 유다 지파의 자손(히 7:14) • 주님께 성결(히 4:15) - 모든 면에서 우리와 똑같이 시험을 받으셨으나 죄는 없으심 • 멜기세덱의 반차를 따르는 제사장으로서 혈통이 아니라 불멸의 생명의 능력을 따라 죽은 자들 가운데서 일으킴을 받으시고 영원히 살아계심(히 7:15~17)

멜기세덱은 누구인가요?

- 창 14:17~20; 시 110:4; 히 7장
- 그 이름의 뜻은 '의의 왕'
- 살렘의 왕이자 '평강의 왕'
- 가장 높으신 하나님의 제사장
- 하나님의 아들을 예표하며 영원한 제사장인 왕이자 제사장
- 전쟁에 승리하고 돌아오는 아브라함을 축복하고, 그에게서 십일조를 받음
- 창세기(시작과 족보, 탄생과 죽음에 관한 책)에 등장하며, 부모 이름도, 족보도, 시작한 날도, 생명의 끝도 없음

예수님은 어떻게 해서 위대한 대제사장이셨습니까?	
레위 계열의 대제사장	**위대한 대제사장 예수님**
• 옛 언약의 중재자(히 9:1~10)	• 더 나은 새 언약의 중재자(히 9:11~28)
• 자기 죄를 위한 속죄제를 먼저 드려야 함(히 5:3)	• 우리와 똑같이 시험을 받으셨으나 죄가 없으심(히 4:15)
• 아론의 혈통을 이어받은 자손 중에서 하나님이 임명하심(히 5:4)	• 멜기세덱의 반차를 따라 하나님이 기름 부으심(히 5:5~6)
• 제사장직은 종신직(히 7:23)	• 영생하시므로 제사장직도 영원함(히 7:24)
• 자신과 백성의 죄를 위해 매일 희생 제사를 드림(히 7:27)	• 온 백성의 죄를 위해 자신을 단번에 제물로 드리심(히 7:27)
• 일 년에 한 번 동물의 피를 가지고 지성소에 들어가 자신과 백성의 죄를 위한 속죄제를 드리지만, 이 제사는 예배자의 양심을 온전하게 회복시키지 못함(히 9:7, 9)	• 온 인류의 죄를 단번에 대속하기 위해 자기 피를 가지고 하늘의 지성소로 들어가 양심을 죽은 행실에서 깨끗하게 하고 살아계신 하나님을 섬기게 하심(히 9:14)
• 예배자를 결코 온전하게 할 수 없는 제사를 해마다 똑같이 반복함(히 10:1)	• 예배자를 온전하게 성별하기 위해 자신을 단번에 제물로 드리심(히 10:10)
• 죄를 없애지 못하는 똑같은 희생제물을 매일 드리며 서있음(히 10:11)	• 자신을 제물로 드려 죄를 효과적으로 멸하시고, 하나님의 우편에 앉으심(히 10:12)

옛 언약의 제사장들은 혈통에 따라 모세의 형제 아론의 자손 가운데서 하나님이 임명하셨습니다. 그들은 거룩해야 했으며, 주님께 구별되어 비느하스가 보여 준 것처럼 주님의 거룩하심을 위해 열심을 다해야 했습니다. 아론의 제사장직은 한동안 그러한 목적으로 수행되었으나, 제사장 자신의 죄와 백성들의 죄 때문에 예배자를 온전하게 성별하는 궁극적인 목적을 성취하기에는 역부족이었습니다. 우리에게 필요한 제사장은 거룩하고, 죄가 없고, 순결하며, 죄인들과 구별되어 하늘 위에 높임을 받으시는 분입니다(히 7:26). 예수님이야말로 진정한 대제사장이십니다. 죄가 없으신 하나님의 아들이 멜기세덱의 반차를 따라 영원한 제사장이 되셨습니다(히 7:17). 흠 없는 하나님의 어린양(요 1:29, 36)이신 예수님은 예배자를 위해 자신을 단번에 속죄 제물로 드리십니다(히 10:10). 예수님은 하나님의 거룩하심을 위해 열심을 다해(요 2:13~17) 희생 공로를 완수하시고, 하늘에서 아버지의 우편에 앉으셨습니다(히 10:12). 우리의 대제사장이신 예수님은 우리를 하나님과 화목하게 하는 과업을 성취하셨습니다. 예수님의 완전한 의로우심이 하나님 아버지께 상달되므로, 우리가 의롭다 여김을 받습니다. 예수님은 아버지 앞에서 우리를 중재하시는 분으로(히 7:25; 9:24), 우리가 믿음을 유지하도록 기도하십니다(눅 22:31~32; 요 17장). 그분 안에서 우리는 죄의 용서와 하나님과의 화목을 발견합니다.

부록 6

예수님의 고난 주간

토요일	•베다니에서 마리아에게서 기름 부음을 받으심(요 12:1~8; 참조, 마 26:6~13)
일요일	•나귀를 타시고 예루살렘으로 '승리의 입성'을 하심(마 21:1~11; 막 11:1~11; 눅 19:28~40; 요 12:12~18) - 예수님이 예루살렘성을 보고 우심(눅 19:41~44)
월요일	•동전 바꾸는 자들과 비둘기를 파는 자들을 성전에서 내쫓으심(마 21:12~13; 막 11:15~17; 눅 19:45~46; 참조, 요 2:13~22)
화요일	•성전에서 가르치심(마 21:23~23:39; 막 11:27~12:44; 눅 20:1~21:4) - 성전에서 유대교 지도자들이 책잡으려고 던진 질문에 지혜롭게 답하심 - 하나님의 뜻을 거부한 예루살렘에 대해 한탄하심 •성전이 무너질 것을 예언하신 후 감람산에서 제자들에게 세상 끝에 일어날 징조에 관해 가르치심(마 24:1~25:46; 막 13:1~37; 눅 21:5~36)
목요일	•제자들과 함께 유월절 식사를 하심(마 26:20~35; 막 14:17~26; 눅 22:14~38) - 제자들의 빌을 씻기심(요 13:1~20) - 유월절을 주의 만찬으로 새롭게 제정하시고, 자신의 희생적 죽음을 선언하심 - 다락방에서 제자들을 가르치시고 기도하심(요 13:31~17:26) •베드로가 예수님을 부인할 것과 제자들이 예수님을 떠날 것을 예언하심(마 26:31~35; 막 14:27~31; 눅 22:31~34) •겟세마네에서 하나님의 진노의 잔이 자신에게서 지나가길 고통 가운데 기도하시면서도, 아버지의 뜻에 자신을 맡기심(마 26:36~46; 막 14:32~42; 눅 22:39~46) •유다에게 배반당하시고 체포되심(마 26:47~56; 막 14:43~52; 눅 22:47~53; 요 18:1~12)
금요일	•대제사장 안나스와 가야바와 공회 앞에서 재판을 받으심(마 26:57~75; 막 14:53~72; 눅 22:54~71; 요 18:13~27) - 베드로가 예수님을 모른다고 세 번 부인함 •빌라도 앞에서 재판을 받으심(마 27:1~2, 11~14; 막 15:1~5; 눅 23:1~5; 요 18:28~38) - 유다가 목을 매고 죽음(마 27:3~10) •헤롯 앞에 서심(눅 23:6~12) •빌라도 앞에 다시 서심(마 27:15~26; 막 15:6~15; 눅 23:13~25; 요 18:38~19:16) - 바라바가 풀려남 •왕으로 조롱받으시고 '유대인의 왕'으로 십자가에 못 박히심(마 27:27~56; 막 15:16~41; 눅 23:26~49; 요 19:16~37) - 큰소리로 하나님께 "어찌하여 나를 버리셨나이까" 하고 절규하심 - 큰소리로 외치시고, 아버지께 자기 영을 부탁하심 •세마포에 싸여 무덤에 놓이심(마 27:57~66; 막 15:42~47; 눅 23:50~56; 요 19:38~42)
일요일	•죽은 자 가운데서 부활하시고, 제자들에게 보이심(마 28:1~10; 막 16:1~8; 눅 24:1~49; 요 20:1~23) - 빈 무덤을 확인하고 떠나는 여인들에게 나타나심(마 28:9~10; 참조, 요 20:11~18) - 시몬 베드로에게 나타나심(눅 24:34) - 엠마오로 가던 두 제자에게 나타나심(눅 24:13~31) - 예루살렘 경내 문을 닫고 방에 있는 제자들에게 나타나심(눅 24:36~49; 요 20:19~23)

부록
7

예수님의 고난 주간 지도

문
망대
예루살렘 성벽
예수님의 이동 경로
산헤드린 공회 앞에서의 예수님

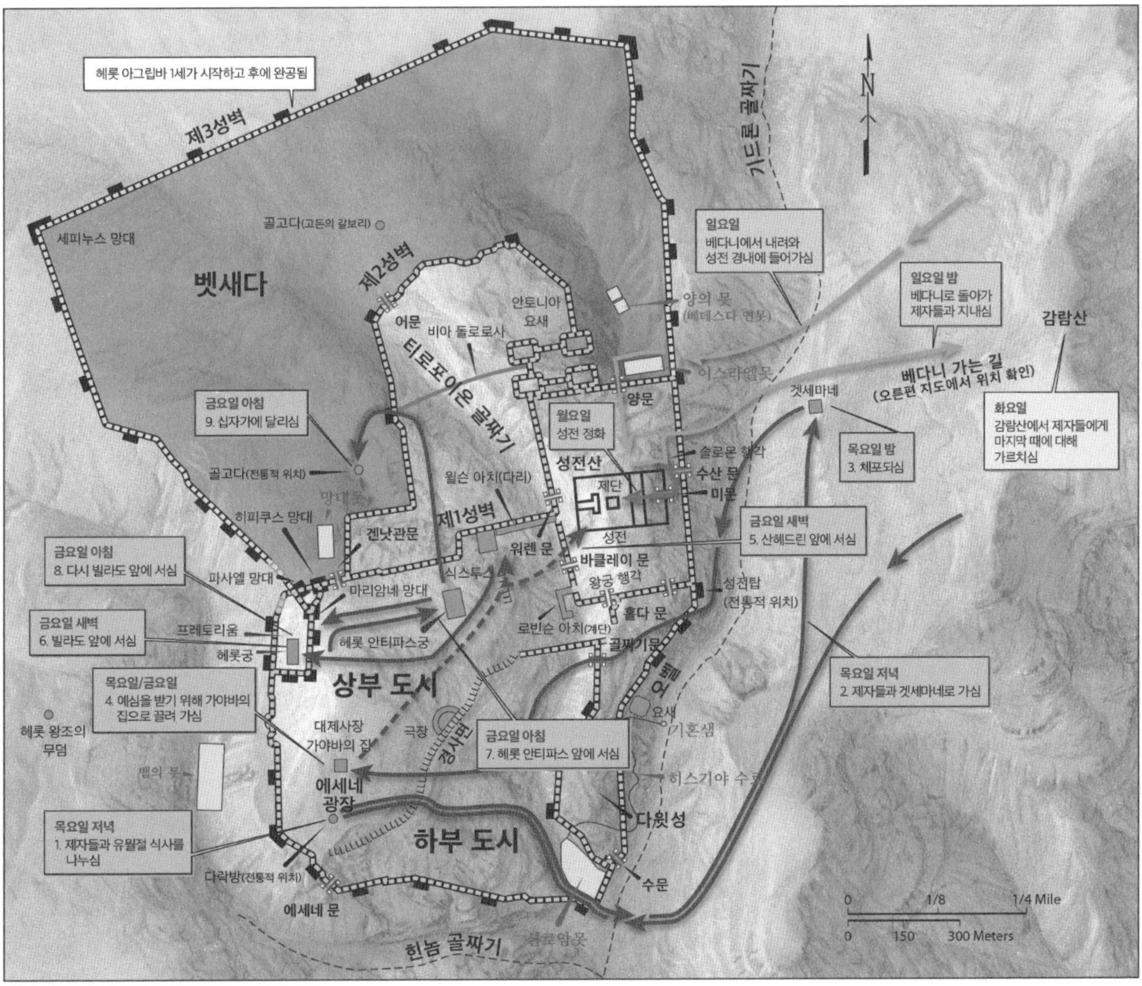

부록 8

예수님의 고난과 제자의 길

구약성경(모세와 모든 선지자)에 따르면, 메시아는 이런 고난을 겪고 영광으로 들어가야 합니다(눅 24:26~27).

예수님의 고난	구약성경의 예언	예수님의 제자의 고난	예수님의 제자의 순종
• **시험받으심 (마 4:1~11; 히 2:18)**	• 첫 아담이 시험받음(창 3:1~7) • 이스라엘이 광야에서 시험받음 (민 1~36; 신 1~34)	• 인류에게는 내부에서건 외부에서건 유혹이 있음 (고전 10:1~13; 약 1:14~15)	• 하나님의 신실하심과, 피할 길을 주심과, 시험을 벗어나게 하실 것을 믿으라 (고전 10:13~14) • 문맥에 따라 성경을 인용하라(마 4:4, 7, 10)
• **배반당하심 (마 26:14~16, 47~50; 눅 24:7; 요 13:18; 행 1:16)**	• 친구로부터 배반당함(시 41:9) • 그들이 은 삼십을 품삯으로 삼음 (슥 11:12~13)	• 예수님의 이름 때문에 가족과 친구로부터 배반당함(눅 21:16~17)	• 예수님의 고난에 참여하는 것을 기뻐하고, 창조주께 의탁하라(벧전 4:13~19)
• **진노의 잔의 무게를 절실히 느끼심 (마 26:36~44)**	• 악인을 향한 진노의 잔(시 75:8) • 주님의 분노의 잔(사 51:17~20) • 열방을 향한 진노의 술잔 (렘 25:15~19)		
• **제자들에 의해 버림받으심(마 26:31, 56)** • **베드로에게 부인당하심(마 26:69~75)**	• 목자를 치면 양이 흩어짐(슥 13:7)	• 그리스도 안의 형제자매가 서로에게 죄를 지을 수 있음(마 18:15)	• 회개, 화해, 회복, 용서를 구하라 (마 18:15~22; 요 21:15~19)
• **조롱당하시고, 매질당하시고, 거짓 혐의로 고소당하심(마 26:57~68; 27:27~31, 39~44)**	• 멸시, 거절, 억압, 고통 가운데 고난을 당하는 종(사 53:3, 7) • 조롱과 거절을 당하고 비웃음거리가 되는 시편 저자(시 22:6~8)	• 예수님의 이름 때문에 고난과 박해를 당함 (마 5:10~11; 요 15:20~21; 16:33)	• 기뻐하고 담대하라 (마 5:12; 요 16:33) • 위협을 말고, 공의로 심판하시는 분께 맡겨라(벧전 2:21~23)
• **십자가에 못 박혀 우리 대신 하나님의 진노의 잔을 받으심(마 27:33~50; 요 19:16~37)**	• 유월절(주의 만찬)이 새 언약의 떡(주님의 몸)과 잔(주님의 피)으로 새롭게 제정됨(출 11~13장) • 하나님께 버림받음(시 22:1) • 악인에게 찔린 수족(시22:14~18) • 다른 사람의 죄악 때문에 상하고 채찍에 맞는 고난받는 종(사 53:5) • 질고 당하여 영혼을 속건제물로 드려 여호와의 뜻을 성취함(사 53:10) • 그들이 찌른 자를 바라봄(슥 12:10)		

부록 9

예수님의 높아지심과 제자의 사명

예수님의 높아지심	구약에서의 유형과 예언	예수님의 제자의 믿음	예수님의 제자의 사명
• 인자께서 십자가에서 들리심(요 12:32~33)	• 모세와 모든 선지자는 메시아께서 고난과 영광 받으실 것을 예언함(눅 24:25~27)	• 주님을 믿는 모든 사람은 멸망하지 않고 영생을 얻을 것임(요 3:14~16)	• 하나님의 권능과 지혜이시며, 십자가에 못 박히신 그리스도를 전함(고전 1:23~24)
• 메시아께서 죽은 자 가운데서 부활하심(마 28:5~6)	• 다윗은 주님의 육신이 썩지 않을 것을 예언함(시 16:8~11. 참조, 행 2:24~32) • 이사야는 고난받는 종이 다른 사람의 죄를 위해서 죽을 것이라고 예언함(사 53:10~12)	• 예수님의 부활을 믿는 자들, 심지어 보지 못하고 믿는 자들에게 복이 있음(요 20:27, 29)	• "나의 주님, 나의 하나님"을 찬양함(요 20:28) • 예수님의 부활은 그분이 세상을 공의로 심판하실 날을 증거하기 때문에 사람들을 불러 회개하라고 함(행 17:30~31)
• 부활하신 왕께서 하늘과 땅의 모든 권세를 받으심(마 28:18)	• 인자 같은 분이 광대한 나라를 영원히 통치할 권세를 부여받으실 것임(단 7:13~14)	• 입으로 예수님을 주로 시인하며 하나님이 죽은 자 가운데서 예수님을 살리신 것을 믿으면, 구원받음(롬 10:9)	• 가서 모든 민족을 제자로 삼아 세례를 베풀고, 주님이 분부하신 모든 것을 가르쳐 지키게 함(마 28:19~20)
• 부활하신 왕께서 구름에 가려서 하늘로 올라가시고, 하나님 오른편에 앉으심. 거기서 믿는 자들에게 성령을 부어 주심(행 1:9~11; 2:33~36)	• 인자 같은 분이 하늘 구름을 타고 와서 옛적부터 항상 계신 이 앞으로 인도되며, 통치할 권세와 영광과 나라를 받으실 것임(단 7:13~14) • 여호와께서 다윗의 주에게 그의 원수들을 모두 항복시킬 때까지, 자기 오른편에 앉아 있으라고 말씀하심(시 110:1)	• 회개하고, 예수님의 이름으로 세례를 받고 죄 사함을 받으면 성령을 선물로 받을 것임(행 2:38)	• 위의 것에 마음을 둠. 왜냐하면 그곳에 그리스도께서 앉아 계시기 때문임(골 3:1~17) • 예수님이 성령님을 통해 주시는 은사를 다른 사람을 섬기고자 사용하면, 하나님이 예수님을 통해 영광받으심(벧전 4:10~11)
• 예수님은 최종적인 '주의 날'에 다시 오셔서 제자들의 정당성을 입증하시고 모든 대적을 정복하심으로써 그분의 이름 앞에 모든 무릎을 꿇게 하시고, 모든 입으로 예수 그리스도를 주라 시인하게 하실 것임(빌 2:9~11; 계 19~22장)	• 하나님은 우리의 구원이심(사 12:1~6) • 주님은 대적들을 부끄럽게 하시고 자기 백성을 의롭게 하심으로써, 모든 무릎을 꿇게 하시고 모든 혀가 주께 맹세하게 하실 것임(사 45:21~25)	• 하나님께 나아가며, 주님이 계신 것과 그분을 찾는 자들에게 상 주시는 분임을 믿어야 함(히 11:6) • 선을 행하는 가운데, 신실하신 창조주와 구원자를 신뢰해야 함(벧전 4:17~19)	• 그리스도께서 나타나실 것을 고대하면서 복음을 선포하고 고난을 인내하며 전도자의 일을 행함. 그러면 어느 날 주님에게서 의의 면류관을 받을 것임(딤후 4:1~8)

주 / 1

SESSION 1

1. C. S. Lewis, in *The Quotable Lewis*, eds. Wayne Martindale and Jerry Root (Wheaton: Tyndale, 1989), 330.
2. Tremper Longman III, in *HCSB Study Bible* (Nashville: B&H, 2010), 1146, n. 11:1.
3. Gary V. Smith, *Isaiah 1-39*, vol. 15a in *The New American Commentary* (Nashville: B&H, 2007) [WORDsearch].
4. W. A. Criswell, "The Kingdom Is Coming," Criswell Sermon Library [online], 17 August 1975 [cited 13 May 2016]. Available from the Internet: *www.wacriswell.org*.
5. Tremper Longman III, in *HCSB Study Bible*, 1146-47, n. 11:2; n. 11:3; n. 11:4; n. 11:5.
6. George Arthur Buttrick, ed., *Ecclesiastes, Song of Songs, Isaiah, Jeremiah*, vol. 5 in *The Interpreter's Bible* (Nashville: Abingdon Press, 1956), 248.
7. Matt Chandler with Jared Wilson, *The Explicit Gospel* (Wheaton: Crossway, 2012), 172.
8. Tremper Longman III, in *HCSB Study Bible*, 1147, n. 11:6-9; n. 11:10.
9. John Chrysostom, *Homilies on the Gospel of St. Matthew*, vol. 10 in *Nicene and Post-Nicene Fathers, First Series*, ed. Philip Schaff (New York: Cosimo, 1888), 9.
10. Peter J. Gentry and Stephen J. Wellum, *Kingdom Through Covenant* (Wheaton: Crossway, 2012), 467.
11. Horatius Bonar, "Come, Lord, and Tarry Not," in *Christ in Song*, by Philip Schaff (New York: Anson D. F. Randolph & Company, 1869), 397.
12. Augustine, Sermons, 18.1-2, quoted in *Mark*, eds. Thomas C. Oden and Christopher A. Hall, vol. II in *Ancient Christian Commentary on Scripture: New Testament* (Downers Grove: IVP, 1998), 186.

SESSION 2

1. Phillips Brooks, "O Little Town of Bethlehem," in *Baptist Hymnal* (Nashville: LifeWay Worship, 2008), 196.
2. Tony Merida and Francis Chan, *Christ-Centered Exposition: Exalting Jesus in Philippians* (Nashville: B&H, 2016) [WORDsearch].
3. *Africa Study Bible*, ed. John Jusu (Oasis International LTD, 2016), 1738.
4. Sean M. McDonough, in *ESV Study Bible* (Wheaton: Crossway, 2008), 2282-83, n. 2:5.
5. G. Walter Hansen, The Letter to the Philippians, in *The Pillar New Testament Commentary* (Grand Rapids: Eerdmans, 2011) [WORDsearch].
6. Moisés Silva, Philippians, in *Baker Exegetical Commentary on the New Testament* (Grand Rapids: Baker, 2014) [WORDsearch].
7. Charles Wesley, "Hark! the Herald Angels Sing," in *Baptist Hymnal*, 192.
8. Charles H. Spurgeon, Morning and Evening, June 3, Evening Verse [WORDsearch].
9. Tony Merida and Francis Chan, *Christ-Centered Exposition: Exalting Jesus in Philippians* [WORDsearch].
10. Richard R. Melick Jr., in *HCSB Study Bible* (Nashville: B&H, 2010), 2045, n. 2:9-11.
11. Katharina Schütz Zell, *The Rabus Correspondence*, quoted in *Philippians, Colossians, ed. Graham Tomlin*, with Gregory B. Graybill, vol. 11 in *Reformation Commentary on Scripture: New Testament* (IVP, 2014) [WORDsearch].
12. Ambrosiaster, Epistle to the Philippians, 2.11.1, quoted in *Galatians, Ephesians, Philippians*, ed. Mark J. Edwards, vol. VIII in *Ancient Christian Commentary on Scripture: New Testament* (Downers Grove: IVP, 2014) [WORDsearch].

SESSION 3

1. J. I. Packer, *Knowing God* (Downers Grove: IVP, 1973), 53.
2. Kenneth O. Gangel, *John*, vol. 4 in *Holman New Testament Commentary* (Nashville: B&H, 2000), 13.
3. D. A. Carson, *The Gospel According to John*, in *The Pillar New Testament Commentary* (Grand Rapids: Eerdmans, 1991), 129.
4. C. S. Lewis, "The Incarnation," in *The Joyful Christian* (New York: Touchstone, 1996), 52.
5. Michael Priest, "To 'Tabernacle,'" *Biblical Illustrator* (Summer 2005): 68.
6. Bruce Milne, *The Message of John*, in *The Bible Speaks Today* (Downers Grove: IVP, 1993), 49-50.
7. A. W. Pink, *An Exposition of the Gospel of John*, vol. 1, Grace-eBooks.com [online], 6 March 2014 [cited 15 May 2015]. Available from the Internet: *www.grace-ebooks.com*.
8. Edwin A. Blum, "John," in *The Bible Knowledge Commentary: New Testament*, eds. John F. Walvoord and Roy B. Zuck (Colorado Spring: David C. Cook, 1983), 271.
9. F. F. Bruce, *The Gospel of John* (Pickering and Inglis, 1983), 44, quoted in *The Gospel According to John*, by D. A. Carson, in *The Pillar New Testament Commentary*, 134.
10. James Montgomery Boice, *The Gospel of John: The Coming of the Light, John 1-4* (Grand Rapids: Baker, 1999), 22.
11. Thomas L. Constable, *Notes on John, 2015 Edition*, Sonic Light [online PDF, 246], 14 February 2015 [cited 17 April 2015]. Available from the Internet: *www.soniclight.com*.

주 / 2

SESSION 4

1. E. Y. Mullins, *The Christian Religion in Its Doctrinal Expression* (Philadelphia: Roger Williams Press, 1917), 174.
2. Edward Shillito, quoted in *The God Who Is There*, by D. A. Carson (Grand Rapids: Baker, 2010), 162.
3. Richard R. Melick Jr., in *HCSB Study Bible* (Nashville: B&H, 2010), 2045, n. 2:5; n. 2:6; n. 2:7-8.
4. William Barclay, *The Letters to the Philippians, Colossians, and Thessalonians* (Louisville: Westminster John Knox, 2003), 42.
5. J. I. Packer, *Knowing God* (Downers Grove: IVP, 1973), 53.
6. J. A. Motyer, *The Message of Philippians*, in *The Bible Speaks Today* (Downers Grove: IVP, 1984), 117-18.
7. Theodoret of Cyrus, *Epistle to the Philippians*, 2:8, quoted in *Galatians, Ephesians, Philippians*, ed. Mark J. Edwards, vol. VIII in *Ancient Christian Commentary on Scripture: New Testament* (Downers Grove: IVP, 1999), 237.
8. G. Walter Hansen, *The Letter to the Philippians*, in *The Pillar New Testament Commentary* (Grand Rapids: Eerdmans, 2009), 165.
9. "Troparion," in *Orthodox Christianity*, by Carl S. Tyneh (Hauppauge, NY: Nova Science Publishers, 2003), 130.
10. Venantius Fortunatus, quoted in *The Apostles' Creed*, by William Barclay (Louisville: Westminster John Knox, 2005), 89.

SESSION 5

1. John Stott, *Christ in Conflict* (Downers Grove: IVP, 2013), 56.
2. Charles L. Quarles, in *HCSB Study Bible* (Nashville: B&H, 2010), 1644, n. 16:17-18.
3. Theodore of Mopsuestia, Fragment 92, quoted in *Matthew 14-28*, ed. Manlio Simonetti, vol. Ib in *Ancient Christian Commentary on Scripture: New Testament* (Downers Grove: IVP, 2002), 45.
4. Malcolm B. Yarnell III, " 'Upon This Rock I Will Build My Church': A Theological Exposition of Matthew 16:13-20," Baptist Theology [online], 25 September 2008 [cited 21 July 2016]. Available from the Internet: *www.baptisttheology.org*.
5. Craig L. Blomberg, *Matthew*, vol. 22 in *The New American Commentary* (Nashville: B&H, 2003) [WORDsearch].
6. Chrysostom, *The Gospel of Matthew*, Homily 54.5-6, quoted in *Matthew 14-28*, ed. Manlio Simonetti, vol. Ib in *Ancient Christian Commentary on Scripture: New Testament, 48*.
7. David Platt, *Christ-Centered Exposition: Exalting Jesus in Matthew* (Nashville: B&H, 2014) [WORDsearch].
8. Leon Morris, *The Gospel According to Matthew, in The Pillar New Testament Commentary* (Grand Rapids: Eerdmans, 2010) [eBook].
9. Michael Green, *The Message of Matthew, in The Bible Speaks Today* (Downers Grove: IVP, 2000) [Biblia.com].
10. W. D. Davies and Dale C. Allison, *Matthew 8-18*, vol. 2 in *International Critical Commentary* (London: T&T Clark, 2004), 681.
11. Hans Hut, "On the Mystery of Baptism (1526)," in *Early Anabaptist Spirituality: Selected Writings*, ed. Daniel Liechty (Mahwah, NJ: Paulist Press, 1994), 75.
12. Jim Elliot, quoted in *Shadow of the Almighty*, by Elisabeth Elliot (Peabody, MA: Hendrickson, 1989), 11.

SESSION 6

1. Billy Graham, *The Reason for My Hope: Salvation* (Nashville: W Publishing Group, 2013), 82.
2. Dachollom Datiri, "1 Corinthians," in *Africa Bible Commentary*, ed. Tokunboh Adeyemo (Grand Rapids: 2006), 1421.
3. Craig L, Blomberg, *1 Corinthians, in The NIV Application Commentary* (Grand Rapids: Zondervan, 2012) [WORDsearch].
4. Clement of Alexandria, "Exhortation to the Heathen," in *Ante-Nicene Christian Library*, vol. IV, eds. Alexander Roberts and James Donaldson (Edinburgh: T&T Clark, 1867), 102.
5. John R. W. Stott, *The Cross of Christ* (Downers Grove: IVP, 2006), 63.
6. Jackie Hill Perry, "Foreword" in *Gospel Fluency: Speaking the Truths of Jesus into the Everyday Stuff of Life*, by Jeff Vanderstelt (Wheaton: Crossway, 2017) [eBook].
7. David Garland, *1 Corinthians, in Baker Exegetical Commentary on the New Testament* (Grand Rapids: Baker, 2014) [WORDsearch].
8. Frank S. Thielman, in *ESV Study Bible* (Wheaton: Crossway, 2008), 2214, n. 15:18-19.
9. Arthur W. Pink, *Doctrine of Sanctification* (Lulu.com, 2015), 63 [eBook].
10. David W. J. Gill, "1 Corinthians," in *Zondervan Illustrated Bible Backgrounds Commentary: Romans to Philemon*, vol. 3, ed. Clinton E. Arnold (Grand Rapids: Zondervan, 2002) [WORDsearch].
11. Thomas Boston, in *The Whole Works of the Late Reverend and Learned Mr. Thomas Boston of Ettrick*, vol. 1, ed.

주 / 3

Samuel McMillan (Aberdeen: George and Robert King, 1848), 512.

12. Mark Taylor, *1 Corinthians, vol. 28 in The New American Commentary* (Nashville: B&H, 2014) [WORDsearch].

13. Ibid.

14. F. Alan Tomlinson, in *CSB Study Bible* (Nashville: B&H, 2017), 1833.

15. David W. J. Gill, "1 Corinthians," in *Zondervan Illustrated Bible Backgrounds Commentary: Romans to Philemon*, vol. 3, ed. Clinton E. Arnold [WORDsearch].

16. Ambrose of Milan, "On the Belief in the Resurrection," 87, in *Nicene and Post-Nicene Fathers*, Second Series, vol. X, eds. Philip Schaff and Henry Wallace (New York: Cosimo, 2007), 188.

17. N. T. Wright, *Surprised by Hope: Rethinking Heaven, the Resurrection, and the Mission of the Church* (New York: HarperCollins, 2008), 214.

예수님을 기억하는

필사 노트

1 오실 왕에 대한 예언

찬송하리로다
주의 이름으로 오시는 왕이여

이사야 9장 6~7절

Date . .

“구약은 메시아를 향한
소망을 들려줍니다.
복음서는 그리스도의 성육신을 기록합니다.
사도행전은 성령님을 통해 계속되는
주님의 사역을 증언합니다.
서신서는 주님의 인격과 사역을 해석합니다.
요한계시록은 주님의
최후 승리와 영광을 선포합니다.”

- 허셸 홉스

이사야 11장 1~5절

Date . .

예레미야 23장 5~8절

Date . .

손으로 쓰는 기도

말씀을 묵상하며 떠오른 생각, 외우고 싶은 성경 구절, 간절한 기도, 감사거리 등을 자유롭게 적어 보세요.

2 약속대로 오신 왕

이름을 예수라 하라
이는 그가 자기 백성을
그들의 죄에서 구원할 자이심이라

마태복음 1장 21~23절

Date . .

"그리스도의 이야기에서
하나님은 다시 올라가기 위해
내려오신 것입니다.
그분은 무너진 온 세상과 함께
다시 일어나시기 위해
자신이 지은 맨 밑바닥까지
내려오셨습니다."

- C. S. 루이스

누가복음 2장 10~11절

Date . .

"이 세상에서
그리스도의 영광을 기뻐하지 않고
믿음으로 그리스도의 영광을
보지 않으려는 사람은
하늘에서 주의 영광을 보고자 하는
진정한 은혜의 소원을
갖지 못할 것입니다."

- 존 오웬

마태복음 2장 13~23절

Date . .

손으로 쓰는 기도

말씀을 묵상하며 떠오른 생각, 외우고 싶은 성경 구절, 간절한 기도, 감사거리 등을 자유롭게 적어 보세요.

3 보이는 하나님의 영광

임마누엘,
하나님이 우리와 함께 계시다

요한복음 1장 14~18절

Date . .

빌립보서 2장 5~11절

Date . .

손으로 쓰는 기도

말씀을 묵상하며 떠오른 생각, 외우고 싶은 성경 구절, 간절한 기도, 감사거리 등을 자유롭게 적어 보세요.

4 고난을 택하신 왕

우리는 다
양 같아서…

이사야 53장 2~12절

Date . .

마태복음 16장 13~28절

Date . .

"그리스도의 흉한 형상은 당신을 위한 것이었습니다.
만약 그분이 흉한 형상이 되기를 꺼리셨다면,
당신은 잃어버렸던 형상을 되찾지 못했을 것입니다.
그래서 그분은 친히 십자가에 달리셨고,
흉한 형상이 되셨습니다.
그러나 그분의 흉한 형상은 우리의 아름다움이었습니다."

- 어거스틴

손으로 쓰는 기도

말씀을 묵상하며 떠오른 생각, 외우고 싶은 성경 구절, 간절한 기도, 감사거리 등을 자유롭게 적어 보세요.

5 십자가의 길

그가 찔림은
우리의 허물 때문이요
그가 상함은
우리의 죄악 때문이라

누가복음 23장 1~56절

Date . .

"그리스도께서 완전한 속죄를 이루셨으므로,
다시는 고난받을 필요가 없습니다.
더 이상 피 한 방울도,
마음의 고통도,
쓰라림과 어두움도,
엄청난 중압감도
죽을 때까지 필요하지 않습니다."

- 찰스 스펄전

손으로 쓰는 기도

말씀을 묵상하며 떠오른 생각, 외우고 싶은 성경 구절, 간절한 기도, 감사거리 등을 자유롭게 적어 보세요.

6 부활의 첫 열매

그리스도께서
죽은 자 가운데서
다시 살아나사
잠자는 자들의
첫 열매가 되셨도다

고린도전서 15장 3~8절

Date . .

사도행전 1장 6~11절

Date . .

로마서 10장 9~10절

Date . .

"하나님은 새로운 우주를
즐거워하실 것이며,
우리는 그분의 기쁨에 참여할 것입니다.
결코 마르지 않는 보고인 하나님의 형상에서
우리의 열정이나 기쁨은
결코 바닥나지 않을 것입니다."

- 랜디 알콘

고린도전서 15장 12~26절

Date . .

손으로 쓰는 기도

말씀을 묵상하며 떠오른 생각, 외우고 싶은 성경 구절, 간절한 기도, 감사거리 등을 자유롭게 적어 보세요.

“하나님의 위대한 일을 기대하십시오.
그리고 하나님을 위해
위대한 일을 시도하십시오.”
- 윌리엄 캐리

THE GOSPEL PROJECT®